U0524300

非对称策略

想象、情绪与故事

颜亮 著

浙江大学出版社
·杭州·

图书在版编目（CIP）数据
非对称策略：想象、情绪与故事 / 颜亮著.
杭州：浙江大学出版社，2024.9. -- ISBN 978-7-308
-25409-0
Ⅰ．F830.91
中国国家版本馆CIP数据核字第2024MW9183号

非对称策略：想象、情绪与故事
FEIDUICHEN CELÜE：XIANGXIANG、QINGXU YU GUSHI
颜亮　著

策划编辑	曲　静
责任编辑	吴沈涛
责任校对	朱卓娜
封面设计	仙境设计
出版发行	浙江大学出版社
	（杭州市天目山路148号　邮政编码　310007）
	（网址：http://www.zjupress.com）
排　　版	杭州林智广告有限公司
印　　刷	杭州钱江彩色印务有限公司
开　　本	880mm×1230mm　1/32
印　　张	7
字　　数	93千
版 印 次	2024年9月第1版　2024年9月第1次印刷
书　　号	ISBN 978-7-308-25409-0
定　　价	59.00元

版权所有　侵权必究　印装差错　负责调换
浙江大学出版社市场运营中心联系方式：0571-88925591；http://zjdxcbs.tmall.com

投资者为想象力支付溢价

谨以此书献给

我亲爱的家人们

推荐序一

《非对称策略》是继《长线思维》和《国货新世代》之后,颜亮博士的第三部著作。近年来,颜亮博士在繁忙的工作之余,笔耕不辍,基本上是两年出一本书,将其在资本市场 20 年的实践所得、所悟结集成书,与投资者分享,令人钦佩。

于我而言,颜亮博士既是同事、战友,更是我在投资领域的启蒙老师。我和颜亮博士结缘于 2012 年,彼时，他所任职的公司对我的公司进行了股权投资，不仅给我的公司带来了资金，也带来了全新的企业经营理念。自此，我的公司进入了发展的快车道。

作为实体经济的一员，我更多的是站在企业经营者的角度，来阅读颜亮博士的这部著作。拜读之后，受益良多。

在这本书中，颜亮博士提醒投资者"要理解宏观、认识中观、等待微观"。所谓"等待微观"，我的理解，就是让投资者"蓄势"。

如今，周围的人都在说我们正处于所谓"乌卡时代"，我深以为然。我是从 20 世纪 90 年代开始创业的，回顾过去的二十多年，虽然筚路蓝缕、一路坎坷，但是我的公司能够做到今天的规模，取得如今的行业地位，我认为，很大程度上是借助了"时代之势"。具体来说，过去的二三十年，中国经济总体上是高速发展的，对于创业者群体来说，即便个人或企业存在诸多缺陷，但是在经济蓬勃发展的大环境之下，取得成功的概率仍然是非常高的。如今，恰逢百年未有之

推荐序一

大变局,企业面临过去二三十年从未有过的复杂环境,唯一可以确定的就是不确定性。在此情形下,作为投资者应该如何挑选投资对象,是盲人摸象——以偏概全,还是见微知著——透过微小的现象看到本质?这背后考验的不仅是投资者的智慧、悟性,更是功底。颜亮博士在书中提出的非对称策略,我以为,就是以经营者的思维来发现具有非对称优势的投资机会。而如何抓住这种投资机会,颜亮博士也围绕几个关键词,即想象、情绪和故事,在书中作了较为详细的说明。

写这篇推荐序时,我抬头瞥见了办公室牌匾上的四个大字——晴耕雨读。如果投资者认为当下没有特别好的投资机会的话,那么此时恰是我们静下心来,多读几本书,读几本好书的良机。

颜亮博士所著的《非对称策略:想象、情绪与故事》,就是一本值得认真阅读的好书。

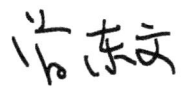

铜陵兢强电子科技股份有限公司董事长

2024 年 7 月 28 日

推荐序二

在这个信息爆炸的时代,我们被各种故事和叙事所包围。它们塑造了我们的世界观,影响了我们的决策,甚至在某种程度上,定义了我们的身份。《非对称策略:想象、情绪与故事》这本书对叙事力量进行了深入的探讨,它不仅为我们提供了一种新的视角来理解世界,也帮助我们进行深刻的市场洞察和投资策略复盘。正如作者在这本书中所阐述的那样,无论是在股票市场还是在科技创新领域，故事和叙事都扮演着至关重要的角色。

在这本书中，作者深入探讨了股票市场的特性，指出股票市场是由想象、情绪和故事构成的集合体。这与2013年的诺贝尔经济学奖得主，耶鲁大学经济学教授罗伯特·希勒在其著作《叙事经济学》中提到的理论有着异曲同工之妙。希勒认为，很多时候，人们的经济行为是由信念、情绪和故事所驱动的。这意味着，人们的经济行为并不总是理性的。在科技创新和股票投资领域，叙事的力量同样不容小觑。创新的故事能够激发投资者和消费者的热情，推动新技术的普及和发展。作为一名科技工作者和科技创新的推动者，我认为，这本书给我带来了诸多启发。

在第一章"想象的市场"中，作者强调了想象在市场形成过程中的核心作用。而在科技创新和科技成果产业化的过程中，想象力是推动技术发展和产品创新的原动力。尤瓦尔·赫拉利在其著作《人类简史：从动物到上帝》中也提到，人类的合作和文明进步建立在共同的想象之上，人类之所以能够建立复杂的社会结构，很大程度上是因为我们能够共同相信并讲述虚构的故事。这些故事赋予了我们合作的能力，推动了文明的发展。而在科技研发和科技创业的过程中，我们同样要不断鼓励科学家和创业者发挥想象力，创造能够引领未来的技术和产品。

在第三章"非对称现象"和第四章"周期的共识"中，作者指出，市场在流动性、估值体系、收益率等方面存在明显的非对称现象，并提出了非对称估值的概念和周期分析方法。技术的突破往往会给市场带来非对称机会，而那些能够准确把握技术趋势和市场动态的创业者和投资者，将获得非对称优势。

在第五章"非对称策略"中，作者强调了在投资过程中寻找非对称机会的重要性。在科技创新领域，非对称策略同样适用。我们需要识别那些能够带来重大变革的技术，那些在非常态市场环境下能够展现出强大生命力的企业，以及那些在长时间周期内能够持续增长的行业。

在第七章"等待与希望"中，作者指出了等待和希望的重要性。在科技创新的过程中，耐心和坚持是成功的关键。正如大仲马所言："人类的全部智慧就包括在这两个词里面：等待与希望。"同样，在科技企业的成长过程中，我们会帮助科学家团队找到对的产业化方向以及最佳的成长路径，并帮助他们完成从科学家团队到创业团队的转变。在这个转变过程中，团队不仅需要具备技术远见，还需要拥有市场洞察力和运营能力，在科技创新创业的道路上变得更加坚定和自信，这也是等待与希望的本意。

除了上述内容，这本书中的其他内容也非常精彩，既有理论支持，也有宏观层面的分析和展望，能够帮助我们了解股票市场的底层规律，从而采取正确的应对策略。

结合过往的实践经验，我认为，作为硬科技创业的主导者，科学家能够以"长板够长、痛点够痛、成长性高"为原则，将前沿技术转化为创业项目。这些年，我从事科技企业的孵化工作，我所在的团队致力于帮

推荐序二

助科学家创业，我们寻找那些具有高技术壁垒和市场成长性的项目，这些项目往往能够提供具有非对称优势的投资机会。我们的孵化模式强调个性化的投后管理，帮助科学家转变思路、理解市场、搭建体系、把握节奏。通过这种孵化模式，我们成功帮助企业跨越成果转化的"死亡之谷"，实现了科技成果的商业化。我们的实践经验与这本书中提到的观点不谋而合。

概而言之，《非对称策略：想象、情绪与故事》不仅是一本关于股票市场投资策略的书籍，更是一部关于如何在不确定性中寻找机会以及如何在复杂环境中做出正确决策的指南。我们每天都在见证故事、想象和情绪的力量，它们激励着我们不断前行，不断探索未知。在科技创新的征途上，我们需要智慧和策略来指导我们的行动，在复杂的市场环境中，找到各自的定位和发展方向。

中国科学院上海光学精密机械研究所副所长

2024 年 8 月 16 日

前 言

股票投资，应该被视为一种慢节奏的长期经营活动！

股票市场（或资本市场、证券市场）是一个充满想象、情绪和故事的集合体。在其超百年的发展历程中，一个个让人充满想象的股票代码吸引无数投资者躬身入局，并为之沉迷；而市场则以其跌宕起伏的历史纪录（行情），展现出无情与残酷，让笃信而盲从者以悲剧收场。"价值投资""长期持有"等观点不绝于耳，"追涨杀跌""频繁换股"等行为延续至今。而秉持"市场永远都是对的"的示弱者，信奉"花开堪折直须折"的见好就收者，坚持"只取一瓢饮"的大智者，往往能独善其身，笑到最后。

股票投资是一个长期持续的超大型的社会性群体活动，普通投资者对其的认知，可能与"盲人摸象"一般无异。金融大鳄乔治·索罗斯认为："世界经济史是一部基于假象和谎言的连续剧。要获得财富，做法就是认清其假象，投入其中，然后在假象被公众认识之前退出游戏。"对普通投资者来说，由于不存在必须把资金投出去的急迫性，因此，普通投资者不能把股票投资视为完全由情绪支配的随机行为，而是应该将股票投资视为一种慢节奏的长期经营活动。

国内A股市场是一个多数时间处于高估值状态、充满流动性诱惑、小股东处于弱势地位的竞技场。从统计数据来看，国内A股市场在流动性、估值体系、收益率、盈亏比、投资机会等多个方面存在着明显的非对称^①现象。普通投资者要在这样的市场中存活并获利，耐心是必不可少的。具体来说，投资者不仅要减少个人情绪和市场波动对自身投资决策和投资行为的不利影响，还要以防守的心态去选择那些"少数的机会"和那些值得重仓的"非对称机会"。

非理性现象的反复出现给投资者提供了大量的投资机会。社会危机和技术变革，常常会诱发投资者做出"过激"反应，这既是市场出现非理性现象的原因，也是理性投资者的投资机会。借助股票市场所具有的流动性优势和稳健的投资策略，投资者就有机会持续获得非对称收益。

能够让投资者获得非对称收益的投资机会，既可以在企业管理层主动实施积极变革的过程中产生，也可以在股票市场发生非常态下跌或行业（企业）发生负面事件之后产生，还可以在充满活力的新兴行业或持续增长的长生命周期型行业中产生。

若想要抓住这些能够让投资者获得非对称收益的

---

① "非对称"在不同的领域有不同的含义。在本书中，"非对称"描述的是两方或多方之间在某些特征或关系上不均衡或不相等的状态。

投资机会，投资者不仅要主动放弃那些似是而非的投资机会，还要有"将军赶路，不追小兔"般的定力和耐心。对于机构投资者来说，由于投资产品持有人追求稳定、持续和即时的回报，再加上资金规模巨大，所以机构投资者很难只聚焦在能够获取非对称收益的投资机会上。而对普通投资者或自有资金投资者来说，他们只需要克服自身的弱点，聚焦能够获得非对称收益的投资机会，大概率就能以低风险的方式获得可观的回报。

那些能掀起时代浪潮的趋势会带来红利，如果再叠加投资者狂热的情绪，就能产生巨大的非对称收益。时代所赋予的溢价和红利，蕴含了逻辑和情绪的共振。不论是恐慌的情绪，还是乐观的情绪，抑或是基于危机或变革的力量，这些因素都会促使市场产生更多可以让投资者获得非对称收益的投资机会。

从个人过往经验的角度出发，无论是用周期轮回，还是用均值回归来总结股票价格的趋势，所得出的结论很有可能是与现实存在较大差异的。对于某一事物，当我们用不同的视角去观察时，可能会有不一样的结论。因此，在投资实践中，我们不仅要减少犯错的次数，还要正视错误和失误，防范错误和失误所带来的负面冲击。此外，我们还要对自己的投资经历进行复盘，并参考他人的经验，不断迭代自己的投资逻辑、策略和方法，从而发现更多能够获得非对称收益的投资机会。

时代的车轮滚滚向前，扎根于时代的企业，虽然可能有同样的韵脚，但不会简单重复。

本书内容是个人经验的总结，仅供普通投资者参考。

2023 年 8 月

目 录
CONTENTS

第一章　想象的市场　001

第一节　起源于想象　003
第二节　个体的认知　011
第三节　情绪的波动　019
第四节　群体的想象　031

第二章　投资的任务　041

第一节　投资的要素　043
第二节　经营性思维　053
第三节　内生性缺陷　059

第三章　非对称现象　073

第一节　非对称现象　075
第二节　非对称估值　082
第三节　时代的演进　087

第四章　周期的共识　093

第一节　经验的周期　095

| 第二节 | 方法的共识 | 102 |
| 第三节 | 趋势的归纳 | 106 |

第五章　非对称策略　113

第一节	非对称策略	115
第二节	非对称优势	117
第三节	非对称配置	129

第六章　非对称机会　137

第一节	变革型	140
第二节	非常态	144
第三节	高景气度	149
第四节	长生命周期型	157

第七章　等待与希望　163

第一节	多维度挑战	165
第二节	趋势的节拍	174
第三节	情绪的应对	183

参考文献　190

后　记　193

第一章 想象的市场

> 没有人会因为一个数字而作出决定,他们需要一个故事。
>
> ——丹尼尔·卡尼曼

一切始于想象。

股票市场（或资本市场、证券市场）里充满了想象与情绪，就如同一个想象和情绪的集合体。每一只股票都掺杂了投资者的想象和情绪，成为一个反映群体性想象和情绪的载体。

第一章 想象的市场

第一节 起源于想象

股票市场以其特有的魅力,吸引了规模庞大的"投资爱好者"。2022年的一份统计数据表明,国内A股市场的股票账户数量超过2.05亿,再综合其他数据,剔除一人多账户等情况,大致可以推断出国内从事股票投资的人数多达1.9亿。其中,超过95%的股票投资者是投资金额在50万元以下的散户。

我们常常会用"七亏两平一赢"来形容股票市场

的残酷无情。问题是，既然如此，股票市场为何还能吸引大量投资者持续参与其中呢？我想，那些虽然亏损但仍旧坚持投资的投资者，有可能是获得了"金钱之外的补偿"，或者是获得了某种"博弈的乐趣"，并为此支付了价格不菲的"服务费"。

那么，股票市场到底是什么？我们该从哪个角度来理解股票市场，以及股票市场的参与者？是什么促使股票市场的参与者做出投资的决定，并付诸行动？

任何一个投资者，对于投资机会的识别和判断，都是从想象开始的。换句话说，投资者常常会基于自己的想象，认为某些"投资机会"可以给自己带来可观的投资收益，从而做出了"必须投资"或"必须出钱"的判断。为了支持这个判断，投资者往往会形成自己的投资逻辑或者接受他人的投资逻辑。当然，在这个过程中必然包含了一些情绪因素。此外，投资者还会试图用自己的投资逻辑去说服他人，其结果不是干扰了他人的情绪，就是放大了自己和他人的情绪。

第一章 想象的市场

1. 想象盈利

投资者参与股票投资,都是为了赚钱,而不是为了亏钱。"人不理财,财不理你"的口头禅曾经非常流行,"增加财产性收入"的说法也流行了一段时间,股票投资甚至一度成为一种值得鼓励和提倡的行为。

而股票投资的收益情况,总体上可以用"七亏两平一赢"来概括,热热闹闹一场,以亏损收尾者比比皆是。结果与预期之间的巨大落差,不断考验着投资者的心理承受能力,使得投资者产生了较多的负面情绪。例如,曾有调查称"八成股民的精神状态不佳"。

2. 想象高能力

很多个人投资者,虽然资金量可能并不大,但会购买数十只股票,还涉及很多行业。由于行业多、标的多,所以个人投资者往往谈不上对这些股票有较为深入的了解和研究。

公司上市,相当于是把公司股份作为一种可以公开交易的商品，摆在了市场交易的柜台上，任由买卖双方报价交易。随着期货、期权等证券化市场的建立，上市公司股票的成交价格，在大多数时候，既不是上市公司自身能够掌控的，也不是上市公司大股东所能掌控的，而是被金融资本所掌控的。

我们往往并不清楚自己的能力边界，常常容易高估自己的能力，而低估了股票市场的复杂性和企业成长的偶然性。更具体一点地说，我们不仅容易高估自己的分析判断能力，即认为自己已经掌握了全部信息，分析判断过程也不存在问题，因而得出的投资结论也是正确的，还会低估股票市场的风险，比如对股价下跌的幅度和持续时间抱有乐观预期，这种"误判"是导致投资失败的一个重要原因。

3. 想象高回报率

随便问一个投资者的回报率预期，我想，很少有投资者会给出相对较低的预期年回报率，例如10%～20%，更多的可能是30%～50%，也可能是

300% ～ 500%，甚至更高。

一般投资者认为的年回报率计算方法（以下称为复杂方法）可能是这样的：

年回报率（%）= ∑ {单个项目的资金占用比例（%）× 单个项目的实际回报率（%）}

上面这个是关于年回报率的标准计算方法，但在实际操作过程中，投资者往往很少采用这个计算方法，因为这个计算方法相对比较复杂，也比较考验人性。在实际操作过程中，投资者采用的往往是下面这个计算方法（以下称为简单方法）：

年回报率（%）=当年盈亏÷当年实际占用资金

复杂方法和简单方法各有优劣。就复杂方法而言，投资者可以根据计算公式对年回报率进行详细分析，包括每个项目的资金情况、回报情况等，但计算方法相对比较复杂；就简单方法而言，计算公式中除了当年实际占用资金，就只有当年盈亏这样一个总的结果，投资者既没办法对结果进行深入分析，也没法评估投资策略的有效性。不过，简单方法的好处是，有助于投资者与现实和解，防止精神状态不佳。

投资者也可以通过相对容易的投资方式获得一个"平庸"的投资结果，比如长期买入并持有指数基金，从而获得相应的投资回报率。之所以在前文的表述中给"平庸"一词加上了双引号，是因为在现实的投资世界里，通过这种投资方式所获得的投资回报率不一定是平庸的，有时甚至能够超过绝大多数投资者的投资回报率（当然，在A股市场，投资者如果只买入指数基金并不能保证赢利）。其中的原因在于，普通投资者有太多的随机交易行为，频繁交易所产生的交易费用会拉低投资回报率。

不可否认的是，市场中确实存在一部分获得了超高年化回报率的投资者，但他们在整个投资者群体中属于极少数人群，这也是股票市场存在非对称现象的一种表现。

4. 想象不亏损

投资者还存在"一定不会亏损"的想象，即不会想到自己会亏损，甚至会一直亏损，并以亏损收场，否则，他们就很难持续参与股票投资。

既然亏损在投资者的想象之外，那么在面对亏损时，有些投资者往往会采取死扛的方式，并美其名曰"长期投资"，认为只输时间不输本金。"事实意味着过去，未来必然属于想象"，在这种观点的影响下，亏损的事实很容易被投资者遗忘，而对未来的憧憬和想象力，驱使着众多投资者继续在市场中"博弈"。

当然，在现实的股票市场中，存在着各种各样的投资者。有投资者自认为掌握了防止亏损的"方法"，认为"亏损是不可能的，一辈子都不会亏"，这也是乐观情绪的一种体现；部分投资者谨小慎微，一旦股价出现风吹草动就会采取出售股票的做法；还有一部分投资者严守纪律，事前就明确了止损点，一旦亏损达到一定数额，就采取清仓等做法。

公司价值是未来现金流的折现，这句话被价值投资者奉为圭臬。在价值投资者的眼里，对公司价值影响最大的是公司的现金流；而对公司未来现金流的预期，从本质上来说，就是一种被合理化、可解释且逻辑自洽的想象。不论是基于事实，还是基于所获取的信息，甚至是基于梦境，投资者都有可能产生"十倍空间、百亿营收、千亿市值"的非凡想象力。历史经验表明，由群体想象所激发的狂热情绪，可以把一颗郁金香球茎的价格炒上天。

从形式来看，投资者所交易的是上市公司的股权，但从实质来看，投资者所交易的其实是一种想象，或者说是一种可兑现想象的筹码。正是数以亿计投资者的各种各样的想象，构成了股票市场这个极具魅力的集合体。这个因群体参与而形成的股票市场，其实质是一个想象、情绪与故事的集合体，上市公司和投资者这两大群体，共同通过"想象和情绪"演绎出了一个又一个的"故事"。

第二节　个体的认知

就单个投资者或单个投资机构而言,即便资金规模再大,也很难具有左右市场的能力。更何况,不论是个人投资者还是机构投资者,在面对市场的长期挑战时,都存在一些不自知的弱点。这些弱点,往往会对投资结果产生较大的影响。

每个投资者都有自己的投资理念和投资逻辑,有的认可追涨杀跌,有的追捧抄底博反弹,虽然具体的行为不同，但动机都是一样的——为了获利。

1. 以偏概全的认知

投资者对股票市场的认识，是建立在自身（个体）认知能力基础上的。投资者通过自身的行为，如买卖股票或观望等，对股票市场的表现进行评估。在这个评估过程中，往往有许多感性因素会影响投资者的判断，例如，对某些股票的眷恋和不舍之情会影响一部分投资者的投资选择。

以偏概全的认知是广泛存在的。大家都熟知的"盲人摸象"故事，讲的是几个盲人在摸象时，分别认为大象就是棍子、墙、蒲扇、绳子。事实上，几个盲人只是分别摸到了大象的鼻子、肚子、耳朵、尾巴而已。由于这几个盲人的摸象经验完全不同，所以，这几个盲人中的任何一人既无法说服其他人，也不能被其他人说服，为此争吵不休还引发了旁观者的嘲笑。投资者被市场旁观者嘲笑亦是如此。

我们往往会把"盲人摸象"这个故事当成笑话来看。

第一章　想象的市场

但是，我们可以仔细思考一下这个问题：如果我们亲眼见过大象，那么我们要如何描述大象，从而让那些没有亲眼见过大象的人知道大象长什么样呢？

从认知规律的角度来看，人们倾向于用熟悉来定义陌生，这意味着，在面对不熟悉的事物时，人们通常会用熟悉的事物来形容或指代不熟悉的事物，这是由我们的认知规律所决定的。因此，在向没有亲眼见过大象的人描述大象时，我们可以用人们熟悉的"棍子、墙、蒲扇、绳子"等概念来描述大象的鼻子、肚子、耳朵、尾巴等部位，从而让没有亲眼见过大象的人对大象有一个概念性的认知。

此外，假设我们已经知道大象长什么样，当一张图片中的大象被遮住一大部分，导致我们只能看到大象的鼻子或耳朵等具有明显特征的器官时，虽然我们有一定的概率能够猜出图片中的动物是大象，但是，当我们还不知道真相时，我们无法完全排除一种可能，即世界上的其他动物可能也有类似的器官。

以偏概全是一个我们在认知和归纳过程中不得不

接受的现实。为了评估上市公司，投资者大概率会从营收、利润、净现金流、护城河等角度罗列出许多指标。从本质来看，投资者通过某些指标来评估上市公司的思路和我们通过鼻子、肚子、耳朵、尾巴等具有明显特征的器官来描述大象的思路其实是一样的。把指标作为判断依据，就一定能找出好公司吗？就一定能发现好的投资机会吗？我想，这个难度恐怕要比盲人摸象高很多，更何况，股票市场中还存在着许许多多的虚假信息。

从人性的弱点来看，每个人都倾向于相信自己看到的，认可自己理解的，相信自己的判断是正确的。在与别人产生较大的意见分歧时，我们会不由自主地对持不同意见的人产生抵触情绪。在大多数情况下，不同的人之间之所以会产生意见分歧，是因为不同的人"摸到了大象的不同部位"，换句话说，在大多数时候，绝大多数人只是了解了事物的某一个方面而已。

1万个人的心中有1万头大象。很多时候，人们就像故事中的盲人一样，并没有亲眼看到过大象，而是在自己的脑海中想象大象的样子。然而，即便把这些人对大象的所有想象叠加起来，也未必能拼凑出一头真实的大象。

2. 深思者与浅思者

诺贝尔经济学奖得主丹尼尔·卡尼曼在其著作《思考，快与慢》中讲述了其对大脑思考速度的看法。他认为，在做决策时，我们的大脑有快与慢两种模式。思考速度快的往往思考程度比较浅，思考速度慢的往往思考程度比较深。由此，我们可以把那些思考速度快但思考程度比较浅的人称为浅思者，把那些思考速度慢但思考程度比较深的人称为深思者。

就影响他人的能力来说，深思者与浅思者相比，往往有较大的劣势。一是，浅思者常常会根据有限的信息快速得出一个"理所当然"的结论，并大肆宣扬。而深思者往往需要花费更多的时间，掌握更多的信息，并通过综合评判得出一个自己能够接受的结论，然后才会选择公开自己的结论。因此，面对变化，浅思者的反应效率远超深思者,从而拥有先发优势,能够获得更多的关注。在现实生活中,"嗓门大的有理""先发言的定调"等现象是普遍存在的。二是,浅思者的人数远远超过深思者,而且某个浅思者的结论很容易得到其他浅思者的认同和传播,形成声势浩大的舆论氛围,从而影响了更多不了解事情真相的浅思者。

随着时间推移,当事情真相被逐步披露时,这些浅思者并不会从中吸取任何教训,也来不及吸取任何教训。因为,众多新发生的事情,已经吸引了他们的注意力,他们已经投入到了新的舆论战场中。

在股票投资这件事情上往往也是如此,浅思者可能是个快速行动者,既可以快速决策,买入某只股票,也可以很快下定决心,卖出某只股票,如此循环,不亦乐乎,虽然享受了买与卖的过程,但未必能从中获得收益。而深思者,常常会对某只股票进行深入的研究和分析,并在决定买入的同时做好了较长时间持有的心理准备。然而,即便如此,这些深思者也未必能赚到钱,被长期套住的也大有人在。虽然深思者的投资决策仍然是基于自己的"想象"的，但是，深思者会复盘、总结，进而提升自己的分析能力和投资能力，假以时日，相较于浅思者，深思者有更大的概率能从股票市场中获得收益。

3. 把观点当作事实

做投资研究的前提是：区分事实与观点。事实指的是事情的真实情况，往往不具有行为指向性；而观点则是人对事物的主观认知，具有行为指向性。

我们所获取或了解的信息，很多都是属于观点（也叫看法、判断等），而非事实；而在决策过程中，这些观点却常常被人有意无意地当成了事实。如果我们既不知道如何了解事实，也不具备判断什么是事实的能力，那么我们就很容易把观点当作事实，从而做出错误的判断和投资决策。

在交易层面，决定交易与否的是预期，更具体一点来说，是带有未来指向性的，诸如"未来大概率能够赢利"这类观点所支撑的预期。此外，观点还能够催生故事，故事虽然未必是事实，却是激发情绪的最佳手段，能够吸引众多的投资者参与其中。

股票市场的不可知，既源于投资者认知的局限性，也源于市场内生的随机性。在一个充满想象和情绪的集合体里，个体对群体的想象和情绪的主观认知与理解，与盲人摸象无异。

虽然我们可以认为自己的行为准确地反映了自己的观点和看法，但是，我们不能认为我们个人的判断准确地反映了市场整体的观点和看法。换句话说，大部分个体对于市场整体的看法和判断常常是错误的。

股票市场作为群体参与的集合体，包括不同类型的机构与散户，表现出法国社会心理学家古斯塔夫·勒庞在其著作《乌合之众》中所描述的群体心理与行为特征。如何提高我们的判断力？除了做一名不断吸取自己和他人经验教训的深思者，别无他法。打破固有认知，顺应市场趋势，我们实现目标的可能性就会大大提升。

第三节　情绪的波动

影响投资者决策的关键因素不仅包括基本面和技术面,还有情绪。股票市场不仅是一个交易股票的市场,也是一个释放情绪的市场。市场的运行状态,不仅反映了投资者的情绪,同时也会影响投资者的情绪。

情绪在市场波动中所起到的作用,即便对其进行再高的估计,也不为过。因为误判市场情绪以及因自身情绪所产生的错误决策,可能是导致投资者亏损的直接原因。虽然情绪看起来是免费的，每个人都可以表达自己的情绪，但是在股票市场上，情绪的代价却是昂贵的！控制情绪是一件非常难的事情，尤其是控制自己的负面情绪，更是难上加难。

投资者的想象往往是散乱的，而基于情绪的行动，在市场中更容易被识别，并被有心人拿来做分析。在指数、交易量、价格趋势等诸多指标中，我们都可以看到投资者情绪的影子。

客观描述行为或现象的词汇是不含情绪的，例如，针对股价上涨这一现象，"涨""上涨"是不含情绪的，但"大涨""暴涨"等词汇所蕴含的情绪是有很大差异的。这些词汇可以放大情绪，或者埋下放大情绪的种子，引发投资者追涨杀跌的行为，直至出现最极端的连续涨跌停现象。

信息一旦结合情绪，就有了"故事性"，就会被传播、被放大！最直观的表现是，投资者疯狂地收集对自己有利的信息，不断巩固自己原有的投资逻辑。

第一章　想象的市场

1. 乐观的情绪

人类大多数的积极行动源于自发的乐观情绪，而不是对前景的数学期望值。换句话说，市场投资者是乐观的，既高估了自身能力，认为凭借自己的能力足以战胜股票市场，也低估了在股票市场中获利的难度，认为在股票市场中赚到钱这件事并不难。

投资者的乐观是应该的，也是必然的。原因在于，如果一个人对股票市场的未来预期是悲观的，那么其大概率就不会投身于股票市场。那么，投资者的乐观都有哪些表现呢？

第一，把假设视同为事实。现金流折现估值模型（discounted cash flow，DCF）有一个假设前提，那就是持续稳定经营，然而，这个假设前提是偏理想状态的。在现实中，企业会经历外部环境变化、内部经营调整等情况，特别是近两年诸多处于限制性行业的公司倒闭或濒临倒闭，上市公司退市在未来也可能会成为常态，因此，在现实的市场环境中，现金流折现估值模型的有效性是存在一定问题的。不仅如此，关于市盈率的估值法、关于 PEG（市盈率/盈利增速）的估值法等，都有各自的假设前提。因此，投资者在计算公司的估值时，要明白"持续稳定经营"只是一个假设，而不是事实。

第二，认为持续成长的预期会实现。如果我们把持续成长定义为每年的利润增速超过 20%，那么，符合这个增速要求的投资标的是稀缺的。可能确实会有一些企业，在某些阶段，例如在 3～5 年内可以实现 20% 或更高的利润增速，但是，这种快速成长的持续时间注定不会太长。

第三，把短期现象视为长期逻辑。假设一个企业能够在较短时间内实现业绩爆发，其当年的利润增速就会被乐观的投资者认为是企业长期的利润增速。在投资者乐观预期的影响下，企业估值变成了"合理估值 + 乐观预期的溢价"。从企业估值的角度看，乐观预期的溢价在企业估值中的占比往往还不低。从这个角度来看，乐观预期的长期存在，就会导致企业估值长期处于较高水平,换句话说,投资者为乐观预期和想象力支付了溢价。

第四,认为自己挖掘到了"黑马"。"黑马"往往是一夜暴富这种想象的载体。乐观者经常认为自己挖掘到了"黑马"。即便无人认可,乐观者也会用"市场是错误的,自己是正确的"等说法来解释。现实是,股票市场中的参与者众多,上市公司往往已经被众多投资者研究得非常透彻,因此,从这个角度来看,在股票市场中,被众多投资者所忽略的"黑马"是非常少的。也就是说,绝大多数所谓的"黑马",并非真正的"黑马"。

第五,认为公司不愿意释放利好信息。当投资者通过分析和研究,掌握了一些"不为人知"的利好信息,但发现股价一直没有上涨时,乐观者常常会责怪上市公司不愿意或者故意不释放利好信息,却往往没有反过来考虑,是不是还有一些利空信息没有披露呢?

上述种种乐观表现的背后,是投资者对股票市场和股票投资的"偏见"。金融大鳄乔治·索罗斯提出过一个经典的反身性理论，即市场参与者不仅在操作中带有偏见，而且市场参与者的偏见还会影响事物的发展过程。这些市场参与者提供的不是关于未来的理性观点，而是带有偏见的观点。从这个角度来看，股票市场的定价往往是带有"偏见"的。

在股票市场里，乐观者偶尔可以获得账面收益，却常常无法兑现收益。因此，从长期来看，乐观者大概率还是亏损的。从某种角度来看，股票投资就是一个游戏，一个击鼓传花的游戏。乐观者作为一个群体，用自己的情绪影响和改变市场的走向，并在起伏波动的市场行情中收获乐趣。而经验丰富的投资者则善于利用市场情绪和市场波动来获利！

2. 急躁的情绪

在现实生活中，当他人的观点与自己的观点不一致时，人们常常会认为自己的观点是正确的，而他人的观点是错误的。但其实从不同的角度看，不同的观点有各自的道理，绝大多数都可以做到逻辑自洽。

第一章 想象的市场

一个典型例子是，股票市场中存在着大量投资者"追涨杀跌"的现象。从结果来看，投资者追涨杀跌的行为，不仅加剧了市场的波动性，还导致了自身的亏损，但很多投资者依然热衷于"追涨杀跌"，这背后的原因是什么呢？

从情绪的角度来看，我们或许就能够明白投资者"追涨杀跌"的行为逻辑。"追涨杀跌"的行为是符合社会心理学的，即大家都想赚钱，都不想亏钱。关键是，追逐热点的投资行为是否合理？这是投资者需要仔细探究和分析的。

涨高了要回调，跌多了要反弹，这个基于经验的结论从市场整体的角度来看是成立的。虽然从市场整体来看，个人投资者的情绪和交易行为，既改变不了整体的盈亏分布，也改变不了市场的走势，但个人投资者可以利用市场的随机性来提高自己投资成功的概率。

3. 情绪的驱动

市场波动可以分为两种，一种是无趋势的随机波动，另一种是无法证伪，且由情绪驱动的趋势波动。后一种市场波动的时间周期既有可能很短，也有可能很长，但波动幅度往往很大。

市场波动既反映了个体情绪，也反映了群体情绪，但最主要的还是群体情绪，因为只有群体情绪才能影响市场并形成趋势，而个体情绪不具备在较长时间内影响市场的能力。因此，我们可以利用市场的群体情绪，而不要被自己的情绪（个体情绪）所误导。

（1）贴标签与情绪化

投资者会根据自己的想象给上市公司贴上"标签"。很多时候，因为上市公司的一个意向协议，一个参股行为，一个公告，甚至一个涨停板，投资者就会想当然地给上市公司贴上相应的"标签"，如"5G""光伏""ChatGPT""光刻机"等等。

这些"标签"往往是当时的市场热点，既难以被"证实",也无法被"证伪"。以"5G"标签为例,投资者既没有办法证明5G对某家上市公司的经营和发展没有影响,也很难明确知道5G对某家上市公司的未来发展能够起到多大的推动作用。也就是说,一旦给某家上市公司贴上了"标签",投资者往往既没有能力也没有精力去验证"标签"的真实性和有效性。有时甚至连上市公司的澄清公告都无法改变投资者的认知,投资者依然会有"相信你有你就有""上市公司隐瞒利好"等非理性的认知和观点。

不同于传统的理性逻辑,我把这种基于情绪,并结合技术面指标进行思考和决策的方式称为情绪逻辑。无法证伪型标签常常因为无法证伪而大行其道。投资者认为,既然无法证伪,那么不妨利用这些标签进行炒作,从而获得利益。

当市场处于震荡状态时,那些重视产业研究的投资者因为有充分的理由和数据作为决策依据,所以对自己的投资决策和投资选择比较有底气,往往能拿得住持仓。而那些以无法证伪型标签为投资依据进行决策的投资者，由于对自己的投资决策缺乏信心，往往就拿不住持仓。

市场上还存在把一些不同行业的股票标签化或主题概念化的现象，即给不同的公司贴上相同的标签，从而让这些公司形成一个大类或一个板块，一旦被贴上热点"标签"，许多公司的股价就会在短期内快速上涨，这也是主题投资长盛不衰的一个重要原因。

（2）短期逻辑与情绪化

从时间维度来看，情绪逻辑其实就是一种短期逻辑。由于无法证实标签的合理性，那些长期资金或机构类资金往往不会参与以热点"标签"和投资者情绪为基础的炒作。而缺乏长期资金的参与或者没有长期资金的持续流入，价格趋势往往就无法长期持续。

从价格趋势和投资者的行为来看，当股价上涨时，多数投资者会选择持续买入股票，从而推动股价快速上涨，直至股价触顶回落；而当股价下跌时，多数投资者则会选择卖出股票，既加快了股价下跌的速度，也加大了股价下跌的幅度，直到股价触底反弹。

此外，市场上还存在"老主题"被反复炒作的现象。一些老的"标签""主题""概念"，每隔一段时间，甚至是时隔几年之后，可能会被某些投资者拿来再次炒作。许多投资者即使明知某个标签、主题或概念就是市场"炒作"起来的，也常常会因为经不住诱惑而参与其中，幻想从中分一杯羹，结果往往是事与愿违。

（3）波动溯源与情绪化

在股票市场上，对于股价的上涨和下跌，大部分投资者喜欢打破砂锅问到底，往往不会轻易将股价的上涨和下跌归因于"随机波动"，因为这个理由显得"没有水平"或"没有说服力"，而是会努力寻找一个自己可以接受的理由或解释。

在这里，我们不妨展开分析一下股价上涨和下跌的"原因"。在金融市场中，资金的流入和流出是影响股票价格的重要因素。具体来说，资金流入增加通常意味着更多的买家愿意购买某只股票，导致股票需求上升，从而推动股票价格上涨。反之，资金流出增加则意味着越来越多的卖家选择卖出股票，导致股票的供应量上升,从而促使股票价格下跌。

当然,股票市场总是存在着一些不可思议的现象,如"胖手指"[①],以及一些需要很长时间才能被解释,或者永远都无法解释的现象。

公司即便不上市,其估值也是存在波动的,而上市后,公司市值的波动幅度会因为各种因素被进一步放大。有些投机者会将利用波动性获利作为一种投资策略。这些投机者的投机行为和投机资金不仅为市场提供了流动性,同时也加剧了市场的波动性。

---

① 胖手指,通常指在金融交易中,因交易员操作错误,引发市场大幅波动或导致巨额损失。

第四节　群体的想象

　　股票市场是一个生机勃勃、充满想象力的市场。投身其中的，是一群拥有高智商、丰富想象力的投资者。他们在股票市场上，要么提供想象，要么验证想象，要么毁灭想象。

　　做投资，甚至创业，都是从想象，甚至是从幻想开始的。美好的想象驱使投资者在股票市场里"高抛低吸"，追求"轻松赚大钱"。即便是在日常生活中非常理性或节俭的人,在股票市场里都会显得"冲动"和"非理性"。这些行为看起来是因为人性的"贪婪",而动力源则是"想象"(也可以理解为经济学里的"预期")。

1. 群体的结果

詹姆斯·索罗维基在其著作《群体的智慧:如何做出最聪明的决策》中讲了一个故事。1906年的一天,英国科学家弗朗西斯·伽尔顿在散步时,看到集市上正在进行"猜牛重,赢大奖"的比赛。一头公牛被牵到展台上供大家品鉴,有兴趣的人可以对这头牛的体重下赌注。人们只要花6便士买一张印有编号的票,在票上填写估计重量后把票投入票箱即可。重量估计最准的人可以得到奖品。

一共有800个人想碰碰运气,这些人来自各行各业,有屠户、农民等,更多的是想碰运气得大奖的外行人。为此,伽尔顿认为,外行人占大多数,这些人心中无数,所猜的牛的重量不靠谱,计算出来的平均数肯定和牛的实际重量相去甚远。然而，在竞猜结束后，伽尔顿发现群体的猜测值与牛的实际重量非常接近。

股票市场其实也是类似的。每只股票的价格，其实是所有参与者用资金投票的结果，也就是以资金数量和交易时间为权重的平均值。即便有许多人是用想象来判断股票的价格的，或是盲从或模仿了他人，但群体投票的结果往往与股票的内在价值非常接近。

此外，投资者常常会高估短期的变化，低估长期的变化，给短期因素赋予更高的决策权重，进而出现"三根阳线改变理念"的情况。换句话说，这种"高估短期，低估长期"的行为倾向，虽然可能是错误的，但确有可能会对整体市场产生巨大影响。因此，在实际投资过程中，我们不能低估市场情绪的力量。

从个体层面来看，股票市场确实存在着"悲观者正确、乐观者赢利"的现象。虽然投资者基于经验、概率和系统性分析所得出的判断可能是正确的，但也会错失一些投资机会，尤其是由投资者情绪所推动形成的投资机会。但从群体层面来看，显然是不存在"悲观者正确、乐观者赢利"的现象的。

2. 犯错的必然

从认知逻辑的角度出发，我们可以发现，投资者如同"盲人摸象"一般，在信息获取、分析判断、实际操作等诸多环节，一定会出现不同程度的疏漏，最终出现错误的可能性很大。就投资者群体中的绝大部分个体而言，在投资中犯错几乎是必然的。时间周期越长，犯错的概率越大。虽然"人不能两次踏入同一条河流"，但是在犯错上，我们却有可能重复犯同一种错误。

在诸多未知的事实面前，我们其实也是"盲人"。在努力看清事实的过程中，我们其实也采取了与"盲人摸象"类似的方法，即从某些特定的角度来观察和分析。然而，那些我们自认为已经了解的"事实"，是否就是事实本身呢？

在实际投资过程中，我们不妨换个思路，先放弃"我们是正确的"这个想法，即把自己一定会犯错作为投资决策的前提。这么做的原因在于，不论是信息有误，还是决策方法不正确，这些因素都会导致我们做出错误的投资决策。更何况，一些政策层面的变化会对原有的投资逻辑产生重大影响，会让原本看起来"正确"的投资逻辑变成"错误"的。

此外，还有一点非常具有现实意义，即投资者要重点考虑如何避免错误以及如何应对错误，这里的错误，既包括意料之中的错误，也包括意料之外的错误。投资者要在犯错甚至屡屡犯错的情形下，仍保有持续投资的能力。被誉为"股神"的沃伦·巴菲特在其投资生涯中也曾屡屡犯错，但其厉害之处在于，即便犯错，也没有"伤筋动骨"，仍然能够再创佳绩，笑傲群雄。投资的目的是持续获利，而实现持续获利的大前提是不要亏大钱，不能出现影响全局的重大风险。

面对个体内生的弱点，要么想办法克服，要么做好防守。桥水基金创始人瑞·达利欧试图用群体认知（群体决策），来突破个体的认知局限。即便如此，由于瑞·达利欧所选择的负责决策的群体在投资思路和投资理念上高度一致，所以这个群体也无法持续做出正确的决策，最多只能提高决策的正确率。

为此，我们必须构建一个基于弱者视角的投资框架。当我们摆脱了基于"自我视角"和"强势位置"的固有认知，转而拥有基于"他者视角"和"弱势位置"的全新思维后，我们就能够识别出市场中绝大多数以"机会（馅饼）"形式存在的"陷阱"。为了获得或者争取投资的主动权，我们要加强学习"研究""复盘""等待"等投资技巧。

个人投资者的行为对市场的影响是微乎其微的，而群体性力量在市场中起到了决定性作用。从个人投资者的角度来看，做多、做空、空仓，这些都是个人投资者可以选择的投资行为。市场上流行的"能力圈"概念对于个人投资者而言具有重要的指导和启发意义，即个人投资者可以通过"少为""不为"等方式来规避风险，只选择合适的投资时机和投资标的，从而持续获利。

如果我们知道了自己会犯错，那么我们就应该收集更多的信息，来检验或纠正我们的判断。不仅如此，我们还可以把"必然犯错"的过程变成"主动试错"的过程，从而对我们的投资策略进行迭代升级。在投资前，通过尽可能地获得更多有价值的信息，包括了解其他人的观点或判断逻辑来提高自己的判断能力，这属于"事前校准"。在投资后，通过跟踪和复盘不断纠正错误或校正方向，这属于"事后纠偏"。如果我们忽视错误，不能从失败中汲取经验教训，那么类似的错误以后还会重现。而对错误进行分析，错误就可以转化为指导未来行为的经验，能够帮助我们规避风险。显然，不断提高自己的专业能力，实现投资策略的迭代升级是非常耗时且艰难的，但是，这也是获得非对称收益的有效方法。

3. 情绪的干扰

或许有些人会认为，一些大型投资机构的主观投资决策，受情绪的影响比较小，甚至能排除情绪的干扰。事实上，群体决策仍然要依赖少数"话事人"的个体决策，因此，最终的决策仍然包含情绪。

在股票投资过程中，一方面，人们很难排除情绪的干扰，既难以排除市场情绪的干扰，也难以排除自身情绪的干扰。而股票投资恰恰需要排除自身情绪的干扰以及被他人想象力所驱动的情绪干扰。沃伦·巴菲特选择远离华尔街，在我看来，也是一种排除情绪干扰的举措。另一方面，投资者不仅要规避市场情绪所带来的不利影响，还要利用市场情绪所带来的投资机会。既要不断尝试新的投资框架与逻辑，还要不断提升投资认知，这是一项非常困难的任务。

要排除情绪的干扰，最关键的是要有正确的财富观。具体来说，对于获得财富的方式（途径）、获得财富的总额、每年的收益率等，投资者需要有一个平和与理性的态度。一旦有了"暴富"心态，盲目追求"暴富"的机会，投资者反而会失去理性，在情绪的驱使下犯大错。

在我看来，个体对投资的认知过程与盲人摸象是非常相似的，能真正看明白投资的人属于"少数中的少数"。所以，不要轻易否定别人的看法和观点，而是要做好自己的功课，从他人的看法和观点中汲取有价值的内容，降低自己判断失误和出错的概率。换句话说，与他人争论并不能帮助我们获取收益，只有好好学习，不断精进，我们才有可能持续获利。

第二章 投资的任务

> 让你遇到麻烦的不是未知,而是你确信的事并非如你所想。
>
> ——马克·吐温

从目标角度来看,投资是一种追求获利的行为。其中,股票投资相对简单,参与人数众多,因为绝大多数投资者会觉得股票市场机会多,很容易赚到钱。从本质来看,股票投资是一项长期性任务,投资者需要基于一个较长的时间周期来进行思考和行动,并构建一个可持续的盈利模式。

第二章　投资的任务

第一节　投资的要素

投资是一种资金跨时空交换的行为，即放弃资金的当前使用价值，以期在未来某个时刻收回本金，并获得额外收益。换句话说，投资者在投资时要重点考虑三点：一是时间硬约束，二是收益要为正，三是资金可收回。

1.时间硬约束

投资周期的长短,是投资者在投资之前必须考虑清楚的首要因素。

对个人投资者而言,我们可以将一个人的一生,即从出生到死亡的全过程,看作一个与时间有关的函数。每一笔投资其实也是如此,投资者不仅需要投入资金,还要投入时间。因此,从这个角度来看,我们可以将整个投资过程视为一个与时间有关的函数。

关于公司价值(V)的评估方法,被人们广泛使用的现金流折现估值模型,就是一个与时间(t)有关的函数。

$$V = \sum_{t=1}^{\infty} \frac{D}{(1+k)^t}$$

在现金流折现估值模型中,与时间有关的指标有:分子端的自由现金流(D)、分母端的折现率(k)和总时间跨度(t)。

其中,折现率往往受到近期宏观利率水平与风险补偿水平，尤其是近期宏观利率水平的影响。例如美股市场近10年的大牛市，与美国长期的低利率环境有密切关系。当越来越多的机构调低对折现率的预期时，公司市值中的风险溢价就增加了；当越来越多的投资者采取跟随策略时，公司市值将不断上涨。

随着美国进入加息周期，即宏观利率上升且持续一段时间后，折现率升高，会对公司市值产生负面影响。此外，随着折现率的升高，公司的自由现金流也会受到负面影响，换句话说，折现率的升高，会对公司市值产生双重冲击。

对于投资者而言，时间是一个硬约束条件，不受投资者的控制，因此投资者必须提前考虑好投资周期，即从投入资金到最终收回本金和额外收益所需要的总时长。即便是从事产业投资，投资者最终也是需要通过创造利润或回笼现金（包括出售股权）等方式来兑现投资收益的，因而也要考虑投资周期。

针对股票投资这种行为，投资者需要考虑两个问题：一是全部资金的投资周期是多久？二是单笔资金的投资周期是多久？如果全部资金的投资周期可以是10年甚至20年，那么，单笔资金的投资周期则可以是1～2年或者3～5年。如果有需要，投资者可以把单笔投资的时间周期拉长，使可持仓的时间对自己有利。只有细化到每一笔资金的投资周期，投资者才能选择与之相匹配的趋势，在投资周期内完成投资循环。

任何投资回报都需要消耗时间去交换，而时间作为一种硬约束条件，不是投资者可以控制的。若想让时间对投资过程有利，投资者就要把时间从相对稀缺的状态转变为相对宽松的状态，这样才可以在操作时更从容。此外，投资者不能把一定时间内的操作次数作为一个决策前提来考虑，否则容易在操作时动作变形。

通常情况下，我们并不具备准确预判未来5～8年变化的能力，更不用说更长时间了。因此，适当缩短时间周期，例如以3～5年为一个时间周期，通过定期回顾来不断修正时间周期的方式可能更具有现实性和可操作性。

此外，我们该以多长的时间周期来分析股票市场的价格波动呢？我们既可以以周、月为时间周期，主要指标包括周K线和月K线，也可以以日甚至分钟为时间周期，主要指标包括日K线和分钟K线。其中，短周期指标更多地反映了短期趋势，很难体现出"大趋势"和"长趋势"；而长周期指标不仅可以抚平趋势中的波动，特别是因为投资者情绪变化所引起的波动，还可以让投资者减少时间损耗。具体来说，基于短周期指标所形成的投资决策，不论是买涨还是买跌，都会导致投资者的精神高度紧张，消耗大量的时间与精力，并且这些消耗的时间与精力几乎都是无效的，无法给投资者带来价值或收益。

2.收益要为正

股票投资的目标是追求正收益，即在扣除本金后的收益为正。

在实际的股票投资过程中，对普通投资者来说，如果没有其他更好的投资机会，那么，股票投资的收益（指扣除本金后的收益）至少要大于本金的机会成本，即股票投资的收益率至少要高于银行存款或货币基金的收益率。当然，普通投资者的预期收益率可能远远高于这个水平。

对机构投资者而言，他们不仅要能够获得正收益，还要使正收益能够覆盖其资金成本和运营成本。因此，对机构投资者而言，只有当股票投资的正收益超过资金成本和运营成本时，这样的投资行为才有经济价值。

一般情况下，如果某个投资者在3～5年的投资周期内获得了超过100%的投资收益率，或者在5～8年的投资周期内获得了15%～20%的年化收益率，那么，我们可以认为，这个投资者获得了非常优秀且难得的投资业绩。

投资者能够从股票投资中获得的收益主要有两种，一种是现金的净流入（主要是分红），另一种则是持仓市值的增长。那么，我们在股票投资时应该买入"现金净流入型资产"，还是买入"市值增长型资产"？以国内A股目前的分红水平来看，如果投资者采取只买入少量股票，而不是瞄准实际控制权的投资策略，那么投资者是很难通过分红获得足够高的收益率的。原因在于，虽然有些股票通过分红带给投资者的收益率能够达到甚至超过银行理财产品的收益率，但是股票价格却很有可能出现大幅度或者持续性的下跌，综合来看，整体收益很有可能是负数。

一些比较流行的观点认为，投资者买入股票就是买入上市公司的股权。问题是，股票投资的最终目的是获得上市公司的股权，还是通过股票价格上涨而获得正收益呢？

从统计角度来看，"公司赢利或持续赢利"与"股价上涨"之间的相关系数往往小于1，换句话说，公司赢利或持续赢利并不能完全揭示股价上涨背后的逻辑。如果某上市公司每股收益上升，而股价不涨，那么在不考虑分红因素的情况下，投资该公司的股票也是无法获得正收益的。而如果每股收益不变，但市盈率上升，那么投资该公司的股票是可以获得正收益的。更进一步，即便每股收益下降，但是市盈率快速上升，即股价呈现上涨态势，在这种情况下，投资该公司的股票仍然能够获得正收益。

有些机构投资者会对上市公司进行并购投资，掌控上市公司的控股股权，即便如此也会出现失败的案例。失败的原因主要有两个方面，一个是并购资产的价值缩水；另一个则是部分机构投资者在进行并购投资时采用了杠杆，需要支付大额利息。因此，就国内A股市场而言，在绝大多数情况下，对大部分投资者，尤其是普通投资者来说，只有股票价格上涨（市值增长），投资者才能有机会获得正收益。换句话说，投资者应该买入的是市值增长型资产，从股票价格上涨中获益。当然，在市值增长之外，如果投资者还能获得一些分红，那就算是锦上添花了。

3. 资金可收回

任何投资行为都需要流动性的支持。"死了都不卖，把持有当成一种信仰""长期投资就不考虑收回投资"等观念和做法，把投资行为理想化，对普通投资者来说是不太合适的。如果要投资那些没有流动性或流动性比较差的资产，那么投资者需要有非常过硬的投资能力和专业知识。

对于股票投资而言，卖出持仓是一种必然，而长期持有则是一种偶然（这也是一种非对称现象）。总体来看，值得长期持有的标的是非常少的，换句话说，市场上并没有那么多的股票值得投资者长期持有。

长期持有而不卖出，必然会面临更多的风险，因此，投资者就会追求更多的收益，以期实现风险与收益的平衡！原则上，投资者在投资之前就要确定卖出时机，即在何时或何种条件下卖出股票。尤其是当收益达到预期目标时，如果没有充分的继续持有或追加买入的理由，那么投资者就应该及时卖出股票以兑现收益，转而寻找或等待新机会。

股票市场所提供的流动性，是股票类资产所拥有的最大优势，也就是说，股票市场能够为投资者提供寻觅投资机会和兑现投资结果的便利性。只要投资者的持股比例不是非常高，不是上市公司的大股东或实际控制人，股票市场提供的流动性足以支撑投资者在较短时间内买入目标仓位或兑现投资收益。与之形成鲜明对比的是，私募股权投资类资产缺乏流动性，投资者不仅无法确定兑现投资收益的时间，甚至有可能会永远失去流动性（例如无法退出或价值归零），这也是私募股权投资这种投资模式的最大缺陷。所以，私募股权投资者必须用更长的时间周期来考虑目标公司的发展前景，不仅要考虑投资的安全性，还要考虑兑现投资收益的时间窗口。

第二节　经营性思维

投资在本质上是一种经营性活动，需要有正确的投资策略作为支撑。许多投资者都低估了投资这种经营性活动的难度，被各种各样的成功学所迷惑，想当然地把自己视为成功者，认为自己也可以通过投资轻松获利。我认为，一个好的投资策略需要具备三个特点：可复制、有容量、控风险。

1. 可复制

投资的目标就是持续赢利（赚钱），这就需要我们找到正确的投资策略。

投资策略的可复制，意味着在未来较长的时间内，投资者按同样的投资策略可以找到多个类似的投资标的，并能够从中获利。而不可复制的投资策略，指的就是无法持续获得回报的投资策略。从经营效率和效益的角度来看，如果一些不可复制的投资策略无法获得足够高的回报率或回报额，那么投资者投入太多的时间和精力去研究和分析这些不可复制的投资策略，往往会得不偿失。

例如，购买福利彩票也是一种投资策略。虽然从表面来看，你只需花费区区 2 元钱购买一张福利彩票，便有机会能获得数倍于本金的收益，甚至是百万元、千万元乃至上亿元的大奖。但是，购买福利彩票中奖是完全基于概率和个人运气的，并且中奖的概率是非常小的。换句话说，购买福利彩票就是一种不可复制且预期收益为负的投资策略。

2. 有容量

有容量指的是投资策略要有能够容纳资金量不断增长的空间。如果某个投资策略能够持续给投资者带来正收益，那么这个投资策略必然会面临资金量不断增长的问题，也就是说，投资策略必须要有能够容纳更多资金的空间，否则，投资策略也会面临挑战。

普通投资者遇到这类问题的概率不大。而一些大型投资机构之所以很少关注小盘股或交易量较小的股票，部分是因为小盘股或交易量较小的股票无法满足大型投资机构对于资金容量的要求。

2022年12月，中国证券投资基金业协会公布的数据显示，货币基金、债券基金和混合基金的规模（以基金净值计）远大于股票基金，如表2-1所示。究其原因，有一部分就是因为债券市场的总规模大于股票市场的总规模，从而能够容纳更大规模的货币基金和债券基金。而混合基金，也是因为配置了一定比例的债券类资产或货币类资产，所以混合基金的规模比股票基金的规模要大。

表 2-1 公募基金数量及规模

基金类型	基金数量（只）	基金份额（亿份）	基金净值（亿元）
封闭式基金	1300	33265.68	35000.29
开放式基金	9276	206162.67	225311.60
股票基金	1992	20131.94	24782.42
混合基金	4595	40755.25	49972.86
债券基金	2095	38209.47	42730.86
货币基金	372	103354.25	104557.63
QDII基金	222	3711.76	3267.81
合计	10576	239428.35	260311.89

数据来源：中国证券投资基金业协会（2022年12月）

3. 控风险

控风险指的是投资策略必须实现风险可控，不能出现颠覆性的风险，即不能让本金出现超过 50% 的损失。这种风险一旦发生，投资者就很难再扭亏为盈了。

一般来说，投资者会把控风险与安全性相挂钩，把资产的安全性放在第一位。那么，该如何理解安全性？是追求买入价格的安全性，还是追求价格趋势的安全性？诸多投资者对安全边际的理解，更多地集中在买入价格上，认为只有当价值被低估的时候才存在安全边际或安全边际为正，而较少考虑价格趋势因素和投资周期因素。

买入价格的安全性，可以理解为投资者认为在预期的投资周期内，股票价格不太可能出现大幅度下跌。事实可能并非如此。在一个持续向下的趋势中，虽然投资者认为股票价值被低估，但是买入价格也未必能提供足够的安全性，换句话说，投资者对股票价值被低估的判断很可能是错误的。

价格趋势的安全性，可以理解为在预期的投资周期内，股票价格呈现上升趋势，不太可能下跌。换句话说，在一个股票价格持续向上的趋势中，即使买入价格较高，这个投资也未必是不安全的。

评判安全的核心在于价格趋势持续时间的长短，只要价格趋势的持续时间超过了投资周期，那么在价格持续上涨的过程中，逢高买入也是正确的；而在价格持续下跌的过程中，逢低买入却是错误的。原因在于，不存在股票价格永远上涨的企业，却存在许多股票价格持续下跌直至退市的企业。投资者如果因为没有意识到这一点而采取逢低买入的投资策略，有可能会面临血本无归的结局。

此外，还有一个被称为"捡烟蒂"的投资策略，就是选择价格被绝对低估的标的，等待其价格修复，从而获得确定性收益。相较于这种价格修复会在何时出现，更为重要和关键的问题是这种价格修复是否一定会出现？受查理·芒格的影响，沃伦·巴菲特将投资策略从"捡烟蒂"逐步优化为"选择优秀公司"，这意味着巴菲特的投资逻辑已经从注重买入价格的安全性，转变为注重价格趋势的安全性。

所以，投资者在考虑投资安全和安全边际时，不能只考虑买入价格这个单一的因素，而是要更多地考虑投资周期和价格趋势。只要能在价格上涨趋势所持续的周期内完成投资的全部过程，那么对于投资者来说，价格趋势的安全性可能比买入价格的安全性更有现实意义。

第三节　内生性缺陷

股票市场存在内生性缺陷。投资者只有先了解股票市场的内生性缺陷，才能做好相应的防范措施。如果没有意识到或者忽视了股票市场的内生性缺陷，投资者就很容易犯错，甚至是在不经意间就犯了错。

1. 常态化的高估

在交易时段，股票价格往往呈现持续波动的状态。

那么，在这些不断变化的价格中，哪一个价格才是合理的呢？

对于整体市场的估值情况以及个股的价格走势，我们经常会用"高估""合理""低估"等说法来评价。但是，在界定"合理"的方法上却众说纷纭。例如，霍华德·马克斯在内在价值的两侧划出一定的空间，作为合理估值区间，如图2-1所示；有的是按时间顺序对表示内在价值的线条进行1∶1∶1分段，并将中间三分之一线条所涵盖的价格作为合理估值区间。还有的是根据历史数据计算平均价格，以"均值回归"为依据，假定计算出来的平均价格是合理的。虽然上述方法便于操作，但根据这些方法所得出的结论未必是正确的。

第二章 投资的任务

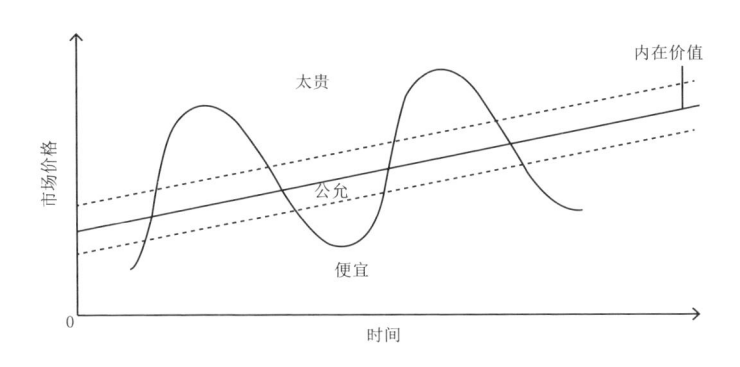

图 2-1 市场价格与内在价值对比

那么,是否存在这样一种可能,即总体来看,在大部分时间里股票市场的价格是被高估的,而不是合理的。也就是说,只有在少数时间,股票市场的价格是被低估的,被绝对低估的时间更少,换句话说,从时间角度来看,股票市场的估值水平存在非对称性。

这就容易引发一个疑问:如果股票市场长时间处于高估值状态,为何市场还会出现上涨的趋势,甚至是持续性上涨呢?我认为,可以从两个方面来解释。一是,股票市场的运行是一个以从低估到合理、从合理到高估,再从高估到合理、从合理到低估为周期,不断循环往复的过程。因此,从合理到高估其实是整个不断循环往复过程中的一部分。二是,虽然国内 A

股市场历经30余年的发展，但目前内生的制衡机制还不够健全，对于做空仍有诸多限制。因此，虽然整体市场长时间处于高估值状态，但是仍然会不时出现持续上涨行情，我们常常称之为"资金牛"。

对上市公司实际控制人或控股股东而言，如果把上市公司摆到货架上，但股票一直是折价或平价，那么，其推动公司上市的动力就会相对较弱。据我个人的观察，在30余年的A股历史中，因为估值过低而放弃IPO的案例非常少，而对IPO数量进行控制，甚至暂停IPO的情况则屡屡发生。新股发行价过高已是一件众所周知的事情。换句话说，之所以出现众多公司排队等待IPO的现象，主要就是因为大量公司认为其在上市后能够获得可观的溢价。此外，在现实中，上市公司增发或减持的情况远远多于回购或增持的情况，这个现象从另一个侧面说明了A股市场是一个具有常态化高估值特征的市场。

投资者往往会把上市公司的回购或增持行为视为上市公司股价被低估的信号。我认为，如果根据某家

第二章 投资的任务

上市公司的回购或增持行为进行分析，那么得出的结论不一定是正确的。但是，如果根据市场上所有上市公司大股东的行为来分析，那么得出的结论大概率是正确的。例如，2020年至2022年，中国所有上市公司大股东参与竞价定增的比例在15%左右。这种情况说明这3年的股票价格，超出了绝大多数上市公司大股东的预期。

A股市场当前阶段的总体估值水平，既反映了投资机会或收益的风险性溢价，也反映了现有市场的流动性溢价（也可以理解为股票价格里包含了流动性的期权费）。按金融资产的三性原则（即安全性原则、流动性原则和收益性原则）来看，拥有良好流动性的股票市场，一定会让投资者在投资的安全性或收益率方面付出代价，原因就在于拥有良好流动性的股票市场存在常态化的高溢价。

当然，我们也不能轻易得出一个判断，即市场在进入高估值状态后就会立刻向低估值状态转变。原因在于，高估值状态具有惯性，常常会持续一段时间，甚至是较长的时间。但是，未来一定会出现低估值状态，只不过我们无法精准预测低估值状态的出现时间和严重程度。

接下来，投资者要重点思考的就是，如何应对这种经常性的、常态化的高估值状态？我认为，一方面，投资者不用担心市场进入高估值状态，但要做好市场从高估值状态向合理状态甚至低估值状态转变的风险防范工作。在这样的市场里，能获得高收益率的机会相对比较少，投资者既要等待时机，也要用高收益率来平衡高估值的风险。另一方面，投资者不要在认为股价进入低估值状态时就买入，而是要分析股价被低估的原因，是市场因素还是公司因素？如果是公司因素，公司能否走出低估值状态？如果是市场因素，投资者就要等待市场从低估值的状态中走出来，向合理状态甚至高估值状态转变时再买入，尽量不要支付较高的成本。

在一个价格总体偏贵的市场里，如果只有震荡而没有趋势性机会，那么在这种情况下，投资者的投资

第二章 投资的任务

风险是相当大的。如果有趋势性机会，那么就存在可获利的交易机会。从投资决策的角度来看，在优先级和重要性上，相较于估值的绝对值，投资者应该更加重视估值的变化趋势。也就是说，在一个大多数时间处于高估值状态的市场里，投资者既不能因为高估值而急于卖出，也不能因为低估值而急于买入，而是要优先考虑估值的变化趋势。

在一个大多数时间处于高估值状态的市场里，还会出现一些不好的现象：一些踏踏实实经营企业的企业家在企业上市后，发现辛辛苦苦赚的净利润，可以在股票市场获得几十倍甚至上百倍的对价，这常常会导致企业家和企业把经营重心转变为资本运作、行业并购、市值管理，迎合市场热点讲故事、贴标签、玩概念。最终，这些企业常常会面临危机，甚至爆雷，但即便爆雷，这些上市公司也会成为"壳资源"，催生出新故事。

2. 流动性的诱惑

股票市场拥有进入门槛极低、可选择标的多（截至 2023 年年底，A 股上市公司超过 5000 家）、操作方便（投资者随时随地可以查阅行情和交易）等特点，给投资者提供了兑现想象的机会。

我国股市目前实行"T+1"交易制度，从制度设计层面为股票交易提供了流动性。单只股票的每日成交量也非常大，甚至可以达到百亿元人民币的水平，为投资者提供了交易层面的流动性。互联网技术的发展，为投资者提供了随时随地操作的可能性，让投资者更容易发现并抓住"更好的机会"，在给市场提供了更多的流动性的同时，也加剧了市场的波动性。

对绝大部分投资者而言，股票市场所提供的"无穷机会"，可能会因为诸如"容易得到的东西往往不被珍惜"等人性的弱点，而对投资者的投资决策产生负面影响，甚至会让投资者做出一些非理性行为。投资者在潜意识里会觉得：既然调整投资决策和投资行为很容易，那么就可以多尝试，如果决策错了，也可以及时改正，因而不会亏钱或亏太多钱。这种"易改正""犯错不要紧"的心态反而会对投资者的决策质量产生负面影响，导致决策质量的下降。A股市场曾流行一种名为"打涨停板"的投资策略，即有投资者专门追逐即将封涨停板的股票，采取这种投资策略的投资者认为，"即便操作失败了，在第二个交易日卖出即可"。

股票市场本身的波动性，包括随机性波动，既源于流动性，也源于投资者的情绪化。良好的流动性不仅激发了人们参与市场博弈的欲望，也让投资者产生了自己有更大概率获得成功的幻觉。那些因为流动性而投身于股票市场的投资者，大概率会因为流动性而轻易做出买卖股票的决策，从而加剧了市场整体的波动性。

3. 小股东的弱势

在股票市场里，投资者可以随意买卖股票，看起来好像是一个可以积极作为的主动方，但事实上，单个投资者，即便是机构投资者，在整个市场面前也是非常弱小（渺小）的。

从介入公司治理角度来看，个人投资者作为小股东，既无法进入公司管理层，也因为个人的时间、精力和能力有限，难以深入公司调研，更不可能凭借个人努力在微观层面改变公司的经营状况。即便是一些机构投资者，他们也常常认为介入公司治理这种做法得不偿失，因而往往选择用脚投票。因此，对于投资者来说，与其尝试改变公司的战略与经营情况，还不如"用脚投票"，或者，等待公司自己改变或被他人改变。只有在公司控制权市场大规模出现后，市场上才有可能出现更加主动的投资方式以及"用钱投票"的现象。

从研究角度来看，投资者只能基于有限且不完整的财务或经营数据，对上市公司的战略、管理、发展前景等进行分析，而无法了解上市公司内部的深层次问题。此外，投资者还要面对自身能力、情绪、精力和心性等方面的弱点。所以，即便花了时间与精力做了一定的研究，投资者大概率也只能对上市公司的情况有一个基本了解（包括企业的财务状况和经营情况），而无法了解企业内部的深层次问题。

从交易角度来看，作为市场交易的参与者，单个投资者不具备影响趋势的能力，因而必须接受股票价格的趋势性变化，并从中寻找可利用的投资机会。换句话说，对绝大部分市场参与者而言，不能有"主导者"的幻觉，试图"主导"趋势的变化，而要"利用"趋势的变化。

单个投资者的力量是渺小的，无法影响上市公司的股价走势。单个投资者与其说是一个无足轻重的"参与者"（弱者），不如说是一个"旁观者"。从"旁观者"的角度来理解市场，选择一个"他者视角"，减少"参与者"的代入感，投资者就会少很多误判。投资是"被动接受"交易要素与"主动选择"投资机会的组合。因此，投资者应该主动寻找合适的投资机会，防范流动性带来的"思维陷阱"，避免自己的投资行为充满随意性。

此外，多数普通投资者往往会认为自身能力很强，无论哪种类型的机会都能抓住。但现实往往是有资源、有支撑、有团队，可以覆盖数十个行业的大型投资机构，才有能力同时采取多种投资策略，并获得收益。普通投资者只适合聚焦于自己擅长的领域，赚自己能赚到的钱。

4.不稳定的结构

股票市场的结构常常是不稳定的，同时受到经济周期、政策、技术等多种因素的影响。例如，近几年"黑天鹅"事件频频发生，使得市场出现了不稳定因素，并且这些"黑天鹅"事件对股票市场的影响是长期性的。

那些能够预判宏观环境变化，并能在预判宏观环境变化后下重注的投资者和投资机构，往往能够成为"金融大鳄"，但这绝不是普通投资者能够做到的。当然，那些能够影响宏观环境变化的投资者和投资机构，其能量也是不可小觑的。

普通投资者只能被动接受宏观环境的变化，在市场提供的选项中进行选择，既无法改变宏观环境，也很难准确预判宏观环境的变化。比较典型的是，在熊市中，尤其是在大熊市中，在不能做空只能做多的情况下，对于普通投资人而言，最好的方式就是少操作或不操作。选择逆大趋势而行，结局往往和螳臂当车无异。

《追寻价值之路：1990～2020年中国股市行情复盘》一书提道："从历史经验来看，对股票市场最有利的宏观环境，并不是经济特别不好或者特别好的时候，前者企业盈利差、后者货币政策紧。对股市最有利的是宏观经济相对平稳的时候，这种经济环境下企业盈利能力稳定、ROE高，而且通常利率也不会太高。"

第三章 非对称现象

> 变化是投资者唯一的确定性。
>
> ——罗·普莱斯

在现实生活中，某些事情的产生和发展往往具有很强的随机性，结果也呈现出非对称性。就股票市场而言，股票市场的涨跌、换手率、盈亏等指标，也呈现出典型的非对称性。

第三章 非对称现象

第一节　非对称现象

1. 涨跌分布

以 A 股为例，2022 年，A 股上市公司（剔除新上市公司）股价的平均变动幅度为 -12.98%，中位数为 -18.51%。有 23.89% 的上市公司股价上涨，有 10.08% 的上市公司股价上涨幅度超过 20%。图 3-1 展示了 2022 年 A 股上市公司（剔除新上市公司）股价变动情况。

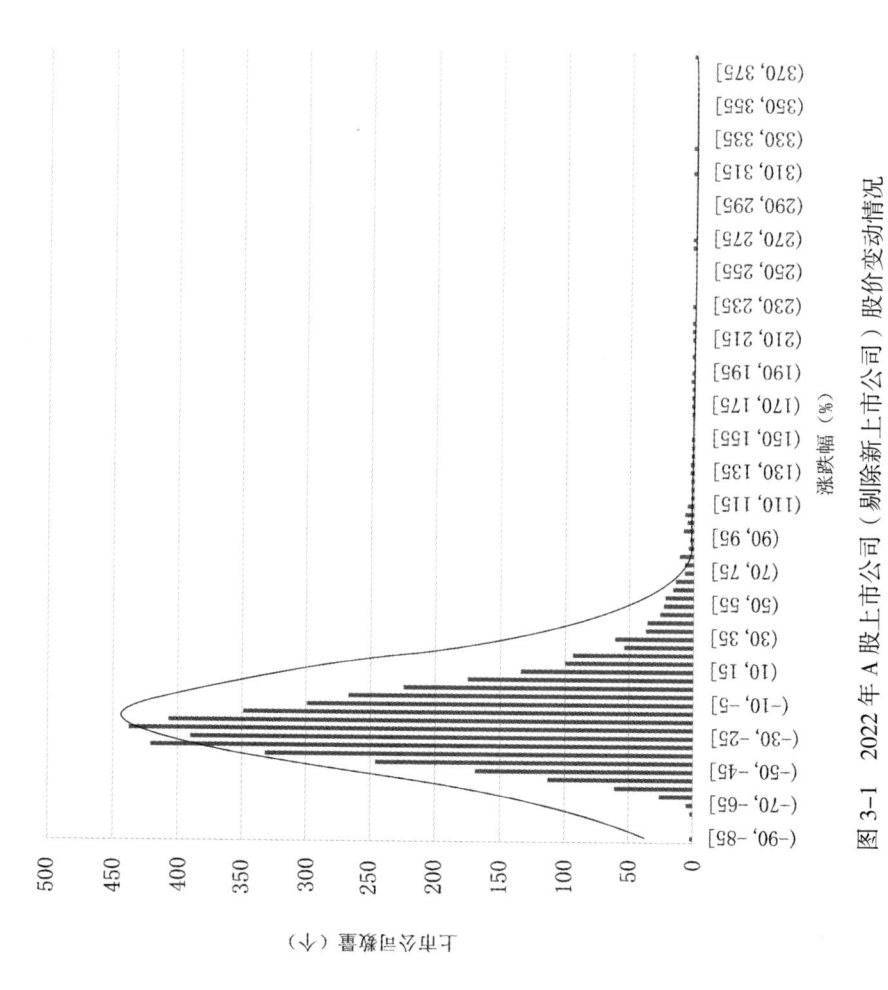

图 3-1　2022 年 A 股上市公司（剔除新上市公司）股价变动情况

数据来源：wind

再换一个角度来看，经常有研究机构认为，如果买入并持有上证 A 股指数 10 年或 20 年，就能获得 6%～8% 的平均年化收益率。我们不妨以不同时间点来计算以 10 年为投资周期的指数收益率。

假设我们在 2012 年每月的最后一个交易日以收盘价购买上证 A 股指数，持有 10 年后至 2022 年该月的最后一个交易日卖出，由此计算在 2012 年不同月份买入上证 A 股指数并持有 10 年所能获得的年化收益率（不考虑分红），如表 3-1 所示。计算公式为：

$$年化收益率 = \frac{（期末收盘价-期初收盘价）/期初收盘价}{10年} \times 100\%$$

表 3-1　在 2012 年不同月份买入上证 A 股指数并持有 10 年的年化收益率

起点	终点	年化收益率
2012 年 1 月	2022 年 1 月	4.66%
2012 年 2 月	2022 年 2 月	4.26%
2012 年 3 月	2022 年 3 月	4.37%
2012 年 4 月	2022 年 4 月	2.72%
2012 年 5 月	2022 年 5 月	3.43%
2012 年 6 月	2022 年 6 月	5.27%

续表

起点	终点	年化收益率
2012年7月	2022年7月	5.46%
2012年8月	2022年8月	5.64%
2012年9月	2022年9月	4.50%
2012年10月	2022年10月	3.99%
2012年11月	2022年11月	5.91%
2012年12月	2022年12月	3.61%

从表3-1来看，12个年化收益率的平均值为4.49%，最低的年化收益率为2.72%，最高的年化收益率为5.91%，相差一倍多。而2012年的5年期银行定期存款的基准年利率为5.5%（年中降为5.1%）。据此，我们不难发现，如果投资者在2012年买入上证A股指数，那么投资者不仅承担了大于银行定期存款的投资风险，而且所获得的年化收益率很有可能低于当时5年期银行定期存款的基准年利率。

2. 换手率分布

再看一下换手率指标，采取高换手率的投资策略是否有效呢？1999年年底，"申万活跃股指数"诞生，该指数具有非常重要的警示意义，让投资者能够看到，

第三章 非对称现象

假设一直投资于 A 股市场最活跃的股票，最终能够取得怎样的投资回报。具体的交易规则为：每周五统计出当周换手率最高的前 100 只股票，也就是 A 股市场上最活跃的热门股，建立组合。然后在下周一买进它们，第二周，再根据前一周的统计数据，换上新的换手率最高的 100 只股票，如此循环。到 2017 年 1 月 20 日，该指数由设立之初的 1000 点，跌到了 10.11 点，跌幅高达 99%。指数自此不再更新。

从交易行为来看，《上海证券交易所统计年鉴》显示，2017 年年底，自然人（绝大多数为散户）账户数占比为 99.78%，持有市值比例为 21.17%，而交易量占比为 82.01%，也就是说，以 20% 左右的持有市值创造了超过 80% 的交易量，由此可见，散户的换手率远远高于其他投资者（主要是机构投资者）的换手率。自 2018 年起，《上海证券交易所统计年鉴》不再披露"投资者交易和盈利状况"的内容，我们也就无法了解最新的数据了。

从散户换手率高以及"申万活跃股指数十余年的

跌幅高达 99%"这两方面情况来看，显然，投资者采取高频换手追涨的策略往往无法获得良好的投资结果。那么，我们该如何理解股票市场提供的流动性？它是提供了随意买卖的便利性，还是提供了亏损退出或收益兑现的便利性？

从普通投资者的角度来看，投资者不能因为股票市场提供的流动性而加大自己投资决策的随意性，而是要利用股票市场提供的流动性抓住那些"少而精"的投资机会，规避风险，用少量但优质的投资机会，获得具有高确定性的高收益。

随着股票市场中股票数量的增加，部分上市公司股票的流动性开始变差，有近 5% 的上市公司日成交量低于 1000 万元。缺少流动性的支持，公司估值也会同步下降，市场开始分层，分为有流动性的市场与缺少流动性的市场。

3. 盈亏分布

2023年2月2日，央视财经频道发布了一个针对2022年股民投资情况的调查结果，结果显示，共有76.46万股民参与该调查，其中，92.51%的股民亏损，仅4.34%的股民赚到了钱，其余的股民则不赚不亏。

同样，2022年的基金市场也是如此，全部基金的平均收益率为-10.5%，近七成基金的年内收益率为负。其中，权益类基金的平均收益率为-17%，只有不到一成的权益类基金的收益率为正。

正如常说的投资者"七亏两平一赢"一样，真正能在股票市场中获利，且长期获利的投资者，在所有投资者中所占的比例是很小的，属于"少数派"。

第二节 非对称估值

股票市场的估值体系也表现出非对称的特征,这种特征既源于投资者对新兴行业抱有"激动人心的预期",也源于传统行业缺乏"具有吸引力的故事"。

1. 增速的非对称

不同行业,甚至同一行业的不同细分领域,其增速都是不对称的(或不均等的),存在着较大的差异。

第三章 非对称现象

有个经典的效应叫戴维斯效应，是有关市场预期与上市公司价格波动之间的双倍数效应，指当一个公司利润持续增长使得每股收益提高，同时市场给予的估值也提高，股价得到了相乘倍数的上涨，这称为戴维斯双击；相反，当一个公司业绩下滑时，每股收益减少或下降，市场给予的估值也下降，股价就会加速下跌，这称为戴维斯双杀。

当然，有部分公司因为行业特性等方面的原因，投资者主要是按照营收增速而非每股收益来进行估值的。以汽车行业为例，新能源车企是普遍亏损的，但部分新能源车企的市值却可以超过那些净利润为正的传统汽车制造商。这背后，很大一部分原因在于投资者认为，虽然目前新能源车企的盈利能力不如传统汽车制造商，但新能源车企的营收增速远高于传统汽车制造商，换句话说，投资者认为，新能源汽车代表了未来，相较于传统汽车制造商，新能源车企拥有更广阔的发展前景。

此外，周期性行业与非周期性行业也是不同的。以消费品行业为例，有周期性特征的耐用消费品一旦实现了高渗透率,即便替代性消费可以支撑一定增速,但行业总体增速还是会降低,出现渗透率增速下降的现象,行业吸引力自然也会下降。而周期性特征不明显的行业,如食品、医疗等行业,行业内的企业可以通过提升产品和服务的档次等方式来提升价格,从而增加企业的利润和投资吸引力。

从产业发展的角度来看,投资者往往比较关注渗透率和利润增速。在行业发展初期,投资者比较关注渗透率,根据渗透率的高低来判断渗透率的提升空间;在行业成熟后,投资者更关注利润增速,判断利润增速的可持续性。典型的例子如白酒行业,2022年规上企业的产量虽然在下降(总产量为671.24万千升,同比下降5.58%),但是销售收入还是在增加(销售收入为6626.45亿元,同比增长9.64%),利润也在增长(利润总额为2201.72亿元,同比增长29.36%),上市公司仍然保持较高的市盈率。

2. 估值的非对称

2007 年，上证指数首次突破 3000 点，虽然其后最高触及 6124 点，并经历了数次较大幅度的波动，但经过了近二十年的"成长"，在 2024 年年中，上证指数仍然在 3000 点上下徘徊。在这样一个经常需要"保卫 3000 点"的股票市场里，通过长期持有是很难获得高收益的。

上证指数在绝大多数时间里总是在 3000 点上下徘徊的背后，既有指数编制方面的原因，也有产业结构调整方面的原因。传统产业在上证指数中的权重较高，而新兴产业的权重相对较低，也就是说，目前的上证指数没有充分体现那些新兴产业的市值贡献。

股票市场既保留了传统产业的痕迹，也孕育了新兴产业的希望，甚至还有超越时代的梦想和幻影。具有不同时代属性的产业交织在一起，构成了一个整体市场。

3. 非对称的机会

获取高收益或超高收益的机会是存在的。这类机会虽然往往与统计意义上的极值现象相伴而生，但再现的概率其实不低。我认为，正是金融市场的内在不稳定性以及市场参与者情绪的不稳定性，导致了极值现象的出现。

市场（也包括外部环境）存在非理性情绪所诱发的波动，既有随机波动，也有趋势波动。回顾股票市场跌宕起伏的发展历程，基于时代主题的情绪影响力最大，基于恐慌的情绪杀伤力最大，基于贪婪的情绪冲击力最大。在产业逻辑所支撑的趋势波动和受市场追捧的情绪的共同作用下，市场能够产生给投资者带来丰厚收益的投资机会。

要想抓住获取高收益或超高收益的机会，就必须抓住时机，投资那些能够提供超额收益的高位势企业，即拥有高集中度、强品牌力、强盈利能力，并处在产业链关键节点上的龙头企业。

第三章　非对称现象

第三节　时代的演进

随着时代变化，总会有一些新兴行业逐渐成为主流，并随着时代的进一步发展，被更加符合时代主题的行业所替代。因此，针对同一个行业，在不同的时间节点，我们可能会得出完全不同的结论。张瑞敏先生曾说："没有成功企业，只有时代企业。"现在我们熟知的金融、房地产、航运、钢铁等等，都是具有代表性的时代行业，并诞生了具有代表性的时代企业。

只有符合时代主题的企业，才能获得时代的红利。新时代颠覆旧时代，这是时代的更迭。投资者要想行远制胜，就必须深刻地理解时代，寻找未来的时代行业、时代企业和企业家。

时代主题是产生大趋势的充分条件，尤其是那些可研究、可分析的大趋势。股票投资者的交易行为并不直接创造价值，而是通过投资富有发展潜力的企业，来分享企业成长所创造的价值。在时代主题下，企业既可以选择创新突破，也可以选择沿袭旧制；投资者既可以选择创新者，也可以选择守旧者，但最终结果是由时代来评判和选择的。

因为市场竞争和需求变化，一切商业活动都存在周期，原有的商业活动和组织形式常常无法跟上时代的步伐，等待着新技术或新模式的赋能或重塑。

在"百年未有之大变局"的宏观背景下，最大的趋势其实是国家大势，只有顺应国家大势，投资者才能获得厚利。基于此，就当下而言，我认为有三个策略可供投资者借鉴，分别是大国策略、强国策略和富国策略。

第三章 非对称现象

1. 大国策略

人的一切经济行为都会拉动消费。中国有超过14亿的人口。巨大的人口规模不仅意味着充足的劳动力，也意味着巨大的市场规模。在此基础上，再叠加一个长期稳定的宏观环境，就能够为企业经营和长期投资提供良好的土壤。我们不能低估"长期稳定的宏观环境"对企业经营和长期投资的影响。长期稳定的宏观环境，能够为企业和投资者提供稳定的预期，企业和投资者采取长线投资策略就具有明显优势，能够获得诸多好处。如果宏观环境不稳定，波动性非常大，就会影响企业和投资者对未来的预期，从而影响长线投资策略的有效性。

2. 强国策略

我们不能低估国家坚持"独立自主"原则所产生的独特价值。只有"独立自主"，国家才有打破发展天花板的可能，才有可能成为真正的强国。自中美贸易战以来，越来越多的人对"科技是第一生产力"有了更为深刻的认知和理解。随着国家对科技创新支持力度的不断加大，可以预计，未来国内会诞生一大批战略性新兴产业以及一大批科技水平在全球处于领先地位的公司。

从更高的维度来看，企业除了可以为消费者提供产品与服务，还可以为国家提供税收，帮助国家解决就业问题。此外，从某种角度来看，跨国企业是其母公司所在国向全球居民"收税"的一种工具，具体来说，跨国企业面向全球提供产品和服务所赚取的利润，其中有一部分作为税负贡献给了母公司所在国。从这个角度来看，跨国企业在很大程度上能够获得其母公司所在国的支持。

中国互联网公司茁壮成长的 20 年，既是数字经济作为新兴产业蓬勃发展，为国家经济发展和人民生活水平提升作出重要贡献的 20 年，也是对传统产业进行深度改造、积蓄力量的 20 年。我认为，在未来 10 年乃至 20 年的时间里，数字经济仍然具有巨大的发展空间。因此，普通投资者可以重点关注数字经济，包括数据、算力、算法、应用等细分领域，寻找并抓住可以获得较大收益的投资机会。

此外，在目前还不具备优势的领域，典型如芯片领域，也存在着巨大的机会。目前，在整个芯片产业链中，我国企业不占优势的环节仍然有很多。这些环节既是科技攻关的方向，也是投资者可以重点关注的投资方向。那些能走出国门，在全球市场上获得竞争优势的世界级企业，大概率就是未来的时代企业。

在科技创新范式下，投资者要重点关注那些能够定义或重新定义行业或产业的企业，如特斯拉、OpenAI等，这些企业大概率能够给投资者带来可观的投资收益。

3. 富国策略

一个国家如果没有丰富的自然资源，那么就必须通过提高劳动生产率来实现经济发展，即需要对现有的产业进行升级改造，提高劳动生产率。其中，随着人均GDP增长而成长起来的现代服务业，既能够帮助传统产业提高劳动生产率，实现转型升级，也能提高新一代劳动者的劳动报酬，让人民更加富裕。

还有一些新兴的消费升级领域，如国内的高端化妆品行业，也会随着居民消费能力的提升而不断发展，甚至可以走出国门，在世界舞台上大放异彩。对国内的高端化妆品新品牌而言，日本和韩国的化妆品品牌崛起的过程极具借鉴意义。

那些能够在世界市场上提供优质产品和服务的中国企业，就是中国的"跨国企业"。如果这些中国企业能够符合时代的主题和要求，那就是"时代型跨国企业"。

第四章 周期的共识

> 牢记万物皆有周期是至关重要的。
>
> ——霍华德·马克斯

周期分析法是指通过分析一些主要指标的变动,研究周期变化客观规律的方法。正是因为某些现象能够重复出现,因此,对于周期和周期分析法,群体达成了广泛共识。

第一节　经验的周期

股票价格的走势,是一种群体行为的结果。从时间维度来看,市场如果反复出现某种或某类现象,就说明其具有某种周期性特征,并且,我们可以通过对这种周期性特征进行研究与分析,进而得出能够指导投资实践的规律或结论。

1. 周期方法论

投资是一种基于趋势预判的行为。投资的一条重要原则就是"以终为始",即要找出一个持续时间超过投资周期的趋势性机会。也就是说,只有找到一个持续时间超过投资周期的大趋势,投资者才有可能完成从本金投放到本利完全退出的全过程。

正如一位投机者所说,"世界上不会有任何其他地方的历史会像华尔街历史一样,如此频繁和千篇一律地不断重复自己"。但是,这种重复不是简单的重复。反映投资者情绪和行为的股票市场,其本身特有的复杂性,决定了股票市场中的所谓"重复"只是大体相似,而非完全相同。

2. 企业的周期

股票投资的对象——企业,其成长也有周期性。美国管理学家伊查克·爱迪思通过总结过往企业的成长过程,提出了企业生命周期理论。企业生命周期理论将企业的成长过程分为四个阶段，分别是投入期、成长期、成熟期和衰退期。

基本面投资往往会叠加一个"优势"策略，即在有利的宏观经济、行业政策、市场增速等方面的趋势基础上，追求企业发展过程中的相对优势，形成"趋势+优势"的投资策略。也就是说，借助企业所处行业在大周期维度上的有利趋势，以及企业的可持续竞争优势，企业有望在大周期维度上实现市值增长。这个投资策略能否成功，取决于有利趋势和竞争优势的持续时间，即投资者是否可以在有利趋势和竞争优势的持续时间范围内，完成从投资到退出的全过程。

成长投资策略会关注增长的持续性。艾丽丝·施罗德在其著作《滚雪球：巴菲特和他的财富人生》中提到的"长长的雪坡"，指的就是能够长期发展的行业。实际上，不仅是行业，每个企业都会不可避免地进入衰退期。企业生命周期理论的根基，是企业提供的产品或服务所满足的需求具有周期性，而需求的周期性不可避免地又与政治、经济、社会、技术等因素相关。

从竞争和需求变化的角度来看，绝大多数企业都会进入衰退期。

除了增长的持续性，成长投资策略还关注增速。如果某个企业所处的行业发展空间广阔、增长的持续时间长，并且企业自身有较强的竞争优势，增速快，那么投资该企业，投资者就能在确定性和成长空间方面获得"非对称优势"。换句话说，如果能找到可以重仓 5 年时间以上的行业，再选择其中有发展红利和竞争优势的企业进行投资，那么投资者就有机会获得"非对称收益"。

3. 投资的周期

投资者在投资前，先要考虑清楚三个周期，即投资的周期、投资逻辑的周期和价格趋势的周期。

（1）投资的周期（时间的长短）

股票这种金融资产具有高流动性的特点，不仅能及时反馈投资结果，还可展现市值的波动情况，短期的盈亏情况很容易影响投资者的情绪。

第四章 周期的共识

从投资周期来看，一般而言，周期越短，收益越少。对普通投资者来说，在投资周期的设定上，不妨考虑得稍微长远一些，如3～5年。有投资者会认为这个投资周期过长，会错失很多投资机会。我认为，若将投资周期设定为3～5年，并对单个项目的预期回报率设一个不低于100%的下限，投资者就能排除很多只能获得"小胜"的投资机会，也就是那些收益不大的机会，转而耐心地等待一些"大机会"。

当然，预期的投资周期与实际的投资周期往往是不一样的，实际的投资周期往往存在较大的不确定性。不论是流动性资产还是非流动性资产，即便是签订了带约定时间的回购条约，投资者都有一定概率无法在事先确定的时间周期内兑现本金和收益。

投资过程的不确定性难以消除，一旦无法在预期的投资周期内实现资金的主动回笼，导致被迫减仓或清仓，必然会影响持仓的总体安全性。所以，普通投资者切忌"借钱投资"，尤其是借钱去从事一些周期较长的投资。原因在于，"借来的钱"一般是有期限的，是需要"刚性兑付"的,一旦被迫"还钱"往往会造成不可挽回的损失。此外,也不建议普通投资者把有明确用途的资金拿来投资,因为这么做有可能会导致生活质量的下降。

(2)投资逻辑的周期

任何投资逻辑(包括错误的逻辑)都有其生效的周期,也就是说,任何投资逻辑总会有其失效的那一天。投资逻辑生效的周期有多长,是较短的如几个月,还是较长的如3~5年,这是影响投资的一个重要因素。

从投资者能力边界的角度来看,即便投资逻辑周期长达20年甚至更长时间,普通投资者也不具备持有投资标的20年的能力(除非是被迫的)。换句话说,普通投资者不能事先假定自己具有持有投资标的20年的能力。此外,从投资标的的角度来看,能存活20年以上的公司也是非常少的。

(3)价格趋势的周期

价格趋势也存在周期。对于价格趋势的周期,普通投资者往往难以准确预判。因此,普通投资者与其分析价格趋势的周期，不如分析价格的合理性。如果出现了市场价格超过合理价格太多的情况，投资者就该尽快分批离场。

从市场内在的运行规律来看，价格容易出现涨过头或跌过头的现象。因此，投资者要经常性地评估投资逻辑和价格趋势，如果投资逻辑已经失效但价格趋势仍然在继续，那么分批离场就是明智之举。此外，如果价格趋势出现逆转，尤其是长周期价格趋势出现逆转，那么投资者更是要抓紧时间离场，以确保资金安全。

第二节　方法的共识

基于产业逻辑的投资策略的关键是投资者要抓住企业持续成长所创造出的长期性趋势，或是企业内在价值的趋势性修复所创造出的机会窗口。从这个角度来看，趋势催生了价值投资的机会，所谓的价值投资其实就是趋势投资。

趋势反映了一种变化，投资者可以用变化幅度和强度来分析趋势，并预测未来趋势。

第四章　周期的共识

1. 模式的共识

有共识才有交易，没有共识就没有交易。我认为，市场的共识催生了市场指数或股票价格的趋势。

当前，由共识形成的，被认为是主流的股票投资模式大致可分为三种，分别是技术面模式、基本面模式和量化模式。

这三种模式有各自的概念、专有词汇和逻辑基础。其中，技术面模式的逻辑基础是假定同样或近似的技术走势（K线图）有较大的概率会重复出现。基本面模式的逻辑基础是假定"企业盈利持续增长"或"当前估值低于合理估值"等情况最终会推动价格上涨或价值回归。量化模式的逻辑基础是假定通过分析历史数据所得出的波动规律，在预测未来趋势上具有一定的指导作用。

2. 经验的效力

世界充满了随机性。不论是生命的诞生，还是一项技术或发明的出现，都存在随机性。就股票市场来说，股票市场是一个充满随机性的市场，投资机会的涌现有随机性，投资结果的好坏有随机性，个体的投资决策也有随机性。

在面对随机涌现的投资机会时，投资者既可以采取随机应变的投资策略，也可以采取有原则的投资策略。不同的投资策略有不同的成功概率。从经验来看，那些有原则的投资策略，往往有更高的成功概率。

那些被总结或被提炼出来的"有原则的投资策略""有原则的投资理论或方法"往往是基于个人或机构经验的总结。更具体地说，这些策略、理论或方法，往往是个人或机构基于某个时代背景、在某个市场上、通过投资某些标的所总结出来的。然而，我们不能高估这些根据特定投资过程所总结出来的策略、理论或方法的普遍适用性。纳西姆·尼古拉斯·塔勒布在其著作《肥尾效应：前渐进论、认识论和应用》中指出："（1）总体和样本之间存在鸿沟；（2）即便有充分的历史数据，它们也必须被视为从一个更广泛的总体中抽取的样本（过去是在样本内出现的，而推论是在样本外起作用的）。"换句话说，用历史数据来简单估计未来会产生较大的偏差，因此，我们必须低估经验的有效性，并重视未来的不确定性和风险。

第三节 趋势的归纳

从投资周期的角度来分析和判断投资机会,从而形成一个以投资周期为核心的投资机会判断框架,这是投资者可以采用的一种投资方法或技巧。

具体来说,我们可以把投资周期与企业生命周期结合起来进行分析。由于企业的成长需要一段较长的时间,投资者兑现投资结果也需要一段较长的时间,因此,投资者需要设置一个相对较长的投资周期,如

3～5年，甚至5～10年。在这个相对较长的投资周期内，会出现三种情况，一是企业生命周期小于投资周期，二是企业生命周期等于投资周期，三是企业生命周期大于投资周期。对于投资者来说，"企业生命周期大于投资周期"这种情况是最好的，只有在这种情况下，投资者才有充分的时间从容地完成从投资到退出的全过程。

就单个投资周期而言，单个投资周期内存在三种基本趋势，即持续增长型趋势、周期波动型趋势和脉冲型趋势。不同的趋势决定了不同的投资机会与投资时点。

1. 持续增长型趋势

有一类企业的增长速度可能没那么快，但增长的持续时间比较长。例如一些消费品企业，在高速增长了5～8年之后，还能表现出缓慢增长的趋势，实现长达20～30年的持续增长。

虽然持续增长型趋势的时间跨度比较大，但这并不代表企业的成长过程是一帆风顺的。在市场情绪的刺激下，企业股价也经常会出现涨过头和跌过头的现象。

针对这类投资标的，投资者有两种投资策略可以选择，一种是在股价持续上升阶段买入，另一种则是在企业所属行业因为发生"黑天鹅"事件导致股价被绝对低估时买入。如果行业本身具有持续增长的潜力，那么投资者在股价被低估时买入企业股票，反而可以获得更高的投资收益率。

企业的持续成长，一方面依赖于行业的不断成长，典型的是一些消费品行业，行业总利润规模的持续增长推动了企业市值的上涨；另一方面，也要看企业自身能否形成第二成长曲线、第三成长曲线，通过多维度增长来实现持续成长。有些企业会通过叙述不同类型的故事不断给市场以"希望"，但常常以失败告终。

从净资产收益率的角度来看，具有持续增长型趋势特征的投资标的的净资产收益率相对稳定，波动性不大，甚至可以长期维持较高的水平，例如15%、20%，有时甚至可以超过30%。净资产收益率高的企业，如果遭遇短期负面因素的冲击，股价出现较大幅度的下跌，那么，对于投资者来说，就是一个非常难得的投资机会。

如果投资者能以合适的价格买入净资产收益率超过25%的企业的股票，那么，投资者就可以长期持有。原因在于，从长期来看，借助复利效应，拥有高净资产收益率的企业本身所能带给投资者的收益就非常可观，如果再叠加市场的情绪溢价，那么投资者所能获得的收益率是非常高的。

2. 周期波动型趋势

有一类企业具有增长与衰退不断交替循环的特征，如一些大宗商品企业，伴随着供需关系的周期性变化，这些大宗商品企业的营收规模和盈利水平也会出现较大幅度的波动。换句话说，宏观环境对行业和企业的发展具有重要影响，很少有行业或企业能摆脱宏观环境的影响，尤其是周期性行业和身处周期性行业的企业。

对于周期性行业或企业来说，市场需求可能一直存在，且存在的时间可能也比较长，但市场需求可能会出现周期性波动，甚至是大幅度的波动。

从净资产收益率的角度来看，市场需求的变化会对周期性企业的净资产收益率产生比较大的影响。因此，投资者在投资周期性企业时，要密切关注企业净资产收益率的变化。例如，投资者可以在企业净资产收益率较低甚至为负的时候，买入企业的股票。而当企业净资产收益率较高时，往往意味着后续会有大量新的竞争对手入场，使得行业产能增加，进而导致行业竞争加剧，这时，投资者就要提前想好应对措施。

3. 脉冲型趋势

有一类企业的增长速度很快，但在经历短短几年的高速增长后，其增长速度就会快速下降，甚至转变为负增速，后续也难再有新的增长。以一些科技型企业为例，在取得技术突破或应用开始普及后，这些科技型企业的股价常常在3～5年之内就能实现超过10倍的涨幅。但是，随着增长期结束或增速变慢甚至变负，企业的股价就会出现大幅度回落，常常在 1 年左右的时间内就可能出现 70% ～ 80% 的跌幅。

另外，受到一些事件或者外部因素的影响，部分企业也会出现脉冲型趋势。例如 2020 年的口罩概念股、2021 年的核酸概念股，在短短的 1 ～ 2 年内，出现 3 ～ 5 倍的涨幅，甚至出现超过 10 倍的涨幅。

脉冲型趋势体现了市场的想象力。市场尤其青睐那些具有"科技""创新""颠覆"等标签的公司。但绝大部分企业的股价最终会回归至合理区间，只有屈指可数的企业能够实现可持续发展，成为股票市场的"宠儿"。

就持续增长型趋势、周期波动型趋势和脉冲型趋势这三种趋势来看，周期波动型趋势与脉冲型趋势的股价波动幅度比较大，往往会出现基于情绪的"暴涨"行情。投资者虽然常常会在具有周期波动型趋势和脉冲型趋势的投资标的上花费较多的时间和精力，但因为缺乏分析和把握能力，以及股价的剧烈波动，往往并不能获得太多的收益，反而会错失重仓具有持续增长型趋势的投资标的的机会。所以,对普通投资者来说,可以优先选择那些具有持续增长型趋势的行业和企业;而对于周期波动型趋势和脉冲型趋势,能把握最好,抓不到也无所谓。

第五章 非对称策略

> 在金融市场中,一个人所获得的不是概率,而是直接的财富。
>
> ——纳西姆·尼古拉斯·塔勒布

普通投资者虽然无法改变宏观经济、市场走势和所投资企业的经营情况,但可以在有限的范围内选择一些对自己有利的时机和机会。

第五章 非对称策略

第一节 非对称策略

股票市场里普遍存在着"非对称"现象,估值、涨跌、机会和收益等等,这些既不是平均分布的,也不是正态分布的,更不是对称分布的。整体来看,不论是投资机会、股票的收益表现、市场的情绪或热点、时代的趋势与主题等等,这些都具有非对称的特点,充分反映了社会演进过程的复杂态势。正如企业家张瑞敏所言:"没有成功企业,只有时代企业。"那些符合时代主题的时代企业，在股票市场里能获得时代的溢价和红利，为投资者提供了获得"非对称收益"的机会。

在企业经营层面，从商业模式的角度来看，不同企业在行业选择、经营管理、战略聚焦等方面存在差异，部分企业甚至主动采取了非对称的经营策略。企业战略大师迈克尔·波特总结了三种竞争战略，分别是总成本领先战略、差别化战略和专一化战略。企业如果能够在长期经营过程中坚守这些竞争战略，那么就可以获得"非对称优势"。

从某种角度来看，股票投资也是一种经营活动，投资者可以参考迈克尔·波特总结的三种竞争战略，采取有效的竞争策略。如，总成本领先战略可以理解为以更低的价格买入股票；差别化战略，可以理解为采取不同于大多数投资者的投资策略；专一化战略，可以理解为基于自身能力，只对特定领域进行投资。单个投资者如果采取非对称策略，专注于一些能够获得非对称收益的投资机会，那么就有更大的概率获得对自己有利的结果。

第二节 非对称优势

投资者用经营企业的思路看待投资,寻找那些具有非对称优势的投资机会和投资策略,可以获得诸多好处。

1. 容错空间大

所谓容错空间,即允许自己犯错误的空间。考虑容错空间的目的是减轻犯错的后果。对于绝大多数投资者来说，股票投资属于重复博弈，在没有决定退场之前，投资者必须避免发生颠覆性风险，即投资者必须确保即便投资决策失误，自己仍然具有继续投资的能力。

存在容错空间的模式，就是能够获得非对称收益的模式。在投资过程中，投资者需要采取组合型投资，而不是押宝式投资。投资者可以借助股票市场特有的流动性优势，通过小额试错，在发现错误后及时止损，减少资金损失，不断增加自己的知识储备，提升投资能力。

此外，如果把"大概率犯错"作为投资决策的前提，那么投资者就应该在投资决策环节就考虑犯错的概率。换句话说，投资者需要改变自己的思维习惯，从容错的角度来考虑自己的投资决策。

第一，投资者要意识到，自己所掌握的信息可能是不可信的。在面对拥有高利润增速、高净资产收益率的企业时，投资者不要假定自己发现了"牛股""绩优股"，而是要反过来想两个问题，一是企业所披露的指标数据是否真实？二是自己所掌握的信息绝大多数都是公开信息，基于这些广为人知的公开信息所作出的投资决策，是否能够获得较高的收益率？

第二，不要把所有鸡蛋都放在一个篮子里。没有发现负面消息并不代表负面消息不存在。如果投资者把所有鸡蛋都放在一个篮子里，一旦负面消息被证实，股价跌幅超过50%，投资者就有可能面临自己无法承受的结果。适当分散投资就是预留犯错的空间，是对"大概率犯错"的预防性安排。尤其是在遇到系统性风险时，分散投资的重要性就凸显出来了。

第三，减少犯错的次数。投资者虽然不能完全消灭错误，但可以减少犯错的次数。当投资者假定错误一定会发生时，就会格外小心，尽可能降低犯错的概率，减少犯错的次数。

2. 收益的增强

从收益与风险曲线来看，非对称策略是一种具有可行性的策略。假设现有A、B、C三个投资方案，这三个投资方案的风险与收益如图5-1所示。从风险收益比来看，方案B和方案C位于斜线的左侧，意味着收益大于风险；方案A位于斜线的右侧，意味着收益小于风险。由此，我们可以认为方案B和方案C是优于方案A的，也就是说，相较于A方案，方案B和方案C有非对称收益。而对比方案B和方案C，在风险相同的情况下，方案C的收益比方案B要高，因此，与方案B相比，方案C也有非对称收益。

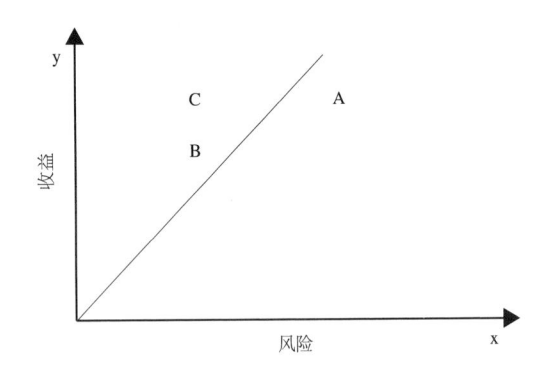

图 5-1　三个投资方案的收益与风险

投资决策是一种权衡利弊后的选择，这种选择在很大程度上决定了投资所承担的风险，以及未来获得收益的可能性。当然，风险和收益之间的关系未必是线性的，更可能是曲线型的。

第五章　非对称策略

有些机构投资者会投资那些能够赚取"固定收益+弹性收益"的"债性+股性"的金融资产，通过放弃部分收益，降低了损失本金的风险。如此，投资者既可以获得保底收益，还可以获得一部分增强收益的机会，实现了收益曲线的"托底"。由于既有市场的各类风险很难被彻底消除，只能被让渡或转移，因此投资者必须在收益方面付出代价。从风险暴露的角度来看，如果交易双方都是专业投资者，那么卖方通常具有优势，能够维持风险与收益的平衡，而买方却很容易低估风险发生的概率，很难遇到"低风险、高收益"的投资机会。

3. 战略性机会

投资者要获得更多的收益，就需要提高自有资金的体量、财务杠杆（需要有稳定且长期的外部资金）、总投资的回报率以及拉长实现收益的时间。对普通投资者来说，较为现实的是"拉长实现收益的时间"和"提高总投资的回报率"。

通过勤奋努力地"翻石头（调查研究）"，投资者能发现一些可投资金量大且回报率高的投资机会，但从总体来看，投资者能否抓住这类投资机会在很大程度上取决于运气，即具有很强的随机性。当然，如果投资者能够做到以下两点，那么其抓住这类投资机会的概率会更大一些：一是花更多的精力和时间去寻找大机会。正如任正非所言，"不要在战略性机会上犯机会性错误""不要在非战略性机会上浪费战略性资源"，换句话说，投资者尽量不要在小的机会上浪费太多的精力和资源。二是储备资金，做好抓住大机会的准备。正如沃伦·巴菲特所说的那样，"当天上掉金子时，要用盆子去接，而不是用勺子去接"。

只有拥有足够大的空间，投资者才有可能获得较多的收益。在军事上，有"积小胜为大胜"的说法，这是因为战争既是资源的比拼，也是耐心和韧性的比拼。在股票市场上，从投资结果来看，除了量化投资这种模式，即利用机器智能来操作大资金进行程序化套利外，采取主动投资策略并不容易获得"积小胜为

第五章 非对称策略

大胜"的结果。小胜就是小胜,再多的小胜也无法变成大胜。而"积小胜待大胜"这种策略更具有现实意义,即投资者要在获取小胜的同时,努力寻找并抓住机会去获取大胜。也就是说,投资者可以通过小胜稳住阵脚,耐心等待能够获取大胜的机会。

投资者也切勿因为刻意追求十倍股[①]而采取"不到十倍不卖"的持有策略。原因在于,十倍股是非常少的,可遇不可求。因此,普通投资者可以选择重仓五倍股甚至三倍股,以获得可观的收益。

从短期来看,市场上总是存在短期价格强势上涨的个股或板块,这些个股或板块能在较短的时间内实现价格翻倍,甚至更多。从长期来看,在较长时间内能够保持价格强势上涨的个股或板块的数量并不多。这种在较长时间内能够保持价格强势上涨的个股或板块,是投资者需要重点关注并努力抓住的大机会。

此外,投资者在进行股票投资时,对于宏观环境要有充分的了解,如果股票市场只允许投资者采取做

---

① 十倍股指的是股票价格可以在相对较短的时间内(如 5 年以内)上涨超过 10 倍的股票。

多策略，那么投资者在熊市期间可能会一无所获，甚至可能是越努力折腾，亏得越多。因此，从某种角度来看，选择比努力更重要，思考比行动更重要！大机会通常只会在大趋势中诞生。而对于大趋势的形成，企业的主观努力，可能只是大趋势形成的必要条件而非充分条件。更具体地说，在企业股价大幅度上涨的背后，既有企业自身努力的因素，也有时代主题的因素，更有市场情绪的因素。

当遇到一个持续时间足够长的趋势时，我们通常会想当然地认为这个趋势的背后存在某种逻辑，这种逻辑使得趋势可以无限期地持续下去。但事实很可能并非如此，过往的持续性趋势有非常大的概率在未来会面临中断、波动、停滞或逆转。也就是说，获利回吐是不可避免的，个别投资出现亏损也是不可避免的，我们需要做的是避免整体性亏损和持续性亏损。

针对有些大趋势向上的个股，投资者如果从基本面角度无法解释，那么就可以通过利好或利空信息来进行分析。针对无法证实的利好消息，若导致股价上涨，则趋势向上；若股价没有上涨，则趋势向下。针对无法证实的利空消息，若没有导致股价下跌（即横盘或上涨），则趋势向上；若导致股价下跌，则趋势向下。

4. 长周期优势

长周期优势，既包括长期持有某些个股所获得的优势，尤其是企业持续成长与分红所带来的复利效应，也包括投资资金可长期使用的优势，如某些投资机构通过长期债券融资获得杠杆效应，还包括长期坚持有效的投资策略所获得的优势。

对普通投资者来说，"长期主义""长期投资"这些概念或理念既不够精确，也无法有效指导投资实践。在现实中，往往只有那些周期性弱的行业，或某些具有消费属性的行业，才能诞生长期投资的机会。真正的"长期主义"指的应该是投资框架的长期主义、投资策略的长期稳定性和可用资金的长期性。

绝大多数的投资活动本质上是一个无限游戏，换句话说，投资者往往不会只做一笔投资，而是会做多笔彼此相关或不相关的投资。因此，投资者可以通过努力学习以及主动或被动试错，对自己的投资策略进行迭代和升级。当然，从结果角度来看，投资者只有实现长期可持续获利，才能体现出努力学习以及主动或被动试错的价值。

与短期思维相比，长期思维有一定的优势。在绝大多数投资者不想"慢慢变富"的情况下，那些愿意与时间做朋友的人，就有机会获得一定的优势。也就是说，运用长期思维来进行投资决策，投资者可以更加从容和淡定，少犯错、少亏损，并且能够获得因为复利效应所产生的丰厚回报。

很多投资者把赚快钱作为目标，换句话说，很多投资者希望在较短的时间内获得较高的收益率或较多的收益。这时，时间就成为一个不可忽视的约束条件，投资者所有的投资行为都将受到这个约束条件的限制，从而在实际的投资过程中更容易犯错。一部分投资者常常会对投资周期进行分解，试图更加"精确地"利用时间，而没有站在更高的层面来考虑问题，找到"模糊的准确",避免"精确的错误"。

就股票市场而言,"长期持股"意味着要放弃一部分流动性的权利。如果我们认识到流动性是有成本的,那么我们在投资决策上可能会更加谨慎。换句话说,我们不能把流动性的优势,理解为交易便利的自由,而是应该理解为主动选择的自由。在未来出现高收益的投资机会时,我们要确保自己仍然具有投资的选择权,即能够以较低的成本转换持仓,这也是一种"选择权优势"策略。

5. 可积累优势

企业在竞争过程中,往往会强调要建立可积累、可持续的优势。

对投资者来说,建立可积累、可持续的优势是非常重要的。可积累,既可以是同类优势的叠加,也可以是非同类优势的叠加。可持续,指的是优势是可持续的,即投资者可以在较长的一段时间内保持这种优势。

就股票市场而言,我认为,在80%的时间里,市场整体的估值是偏高的；在20%的时间里，市场整体的估值是合理或偏低的。因此，作为投资者，我们必须先考虑防守。只有先防守，才能够在更长的时间周期内，获得更多基于时间的"补偿"。

此外，我们还可以做一种系统性安排，即不追求整个投资周期的高收益，而是寻求某几个投资周期或某些项目的高收益，进而提升整体收益率。也就是说，我们可以主动放弃一部分资产的流动性以及一些不确定性高且收益一般的投资机会，转而更加注重总体资产的安全性和收益率。这样，我们就可以瞄准大趋势，以流动性为代价换取高收益。

第三节　非对称配置

投资者不仅可以在单个投资项目上采取非对称策略,还可以在资产组合层面采取非对称策略,构建有"非对称优势"的资产组合。纳西姆·尼古拉斯·塔勒布在其著作《反脆弱:从不确定性中获益》中提出了一种"从不确定性中受益"的抵御风险的思路,强调了在风险发生时,投资者的投资组合要有较强的抗风险能力,要利用收益与风险的非对称性。

虽然投资者厌恶不确定性，但不可否认的是，股票市场中的不确定性是始终存在的。为了应对未知的不确定性，投资者可以采取非对称资产配置策略。非对称资产配置策略的核心和关键是，一旦发生不确定性事件，投资者要尽可能地抓住由此产生的战略性机会，从而获得足够高的收益率。为此，在资产配置上，投资者不仅要配置一部分流动性强、收益率略低且确定性高的低风险资产，还要配置一部分不确定性高且收益率特别高的风险资产。如此，投资者既能保证资产的流动性，还有机会获得风险资产所带来的高收益机会。

以确定性和预期收益率为划分标准，我们可以将机会划分为四类，分别是预期收益率高且确定性高的机会、预期收益率高但确定性低的机会、预期收益率低但确定性高的机会以及预期收益率低且确定性低的机会。从投资者的角度来看，首选是重仓那些预期收益率高且确定性高的机会，但是，这类机会并不会经常出现。先放弃的是那些预期收益率低且确定性低的机会。对于预期收益率低但确定性高的机会，投资者在有充足的流动性的情况下可以考虑。对于预期收益率高但确定性低的机会，投资者可以通过试错等方式进行尝试。

投资者如果优先配置流动性好的资产，主动放弃一部分收益率一般但流动性较差的资产，那么就可以利用这种资产组合所具有的流动性优势去捕获那些能够产生非对称收益的机会，从而获得更多的收益。

1. 构建防守组合

建议投资者在确定项目组合或资产组合时，优先考虑安全性。考虑到高估值是市场的常态，所以投资者要避免那种"逢低分批建仓""逢低分批加仓"的操作方式，提防可能出现的从高估值到超跌的趋势逆转风险，以及投资标的的系统性风险。有些投资者之所以会面临"短期赢利，长期亏损"的问题，大概率是因为不幸买入了那些容易出现脉冲型下跌趋势的投资标的。

考虑到股票市场在大部分时间内处于高估值状态，因此投资者需要采取具有针对性的投资策略，构建有针对性的资产组合，以便在投资标的被低估或被绝对低估时，能够抓住投资机会。普通投资者可以参考纳西姆·尼古拉斯·塔勒布在其著作《反脆弱：从不确定性中获益》中提出的"高确定性+高回报率"的组合策略，并考虑资产的流动性，采取基于现金类资产（低风险资产）和风险类资产的动态转换和风险再平衡策略，如表5-1所示。

表 5-1 动态转换和风险再平衡策略

概率	个股/市场状态	策略
80%	处于高估值状态；重仓风险类资产的机会不多。	无底仓，则持有大仓位现金类资产；有底仓，则仅保留少量的风险类资产。
20%	处于低估值状态；易产生重仓风险类资产的机会。	持有大仓位风险类资产；只保留少量的现金类资产。

对普通投资者来说，由于过长和过短时间周期内的趋势都难以预测，因此，一种比较适合普通投资者的方法是，在考察行业、企业和市场等长期因素的基础上，以 3～5 年为周期，构建一个动态调整的资产组合，做好资产配置和风险再平衡。

2. 以流动性好的资产为底仓

沃伦·巴菲特认为，现金是一种看涨期权，其为投资者提供了一种可重仓新的投资标的的机会。当然，由于支付了"期权费"，所以持有现金会对投资者的投资收益率产生负面影响。

市场整体或个股一定会出现能够让投资者获得非对称收益的机会，为了等待并抓住这样的机会，投资者必须对自己的资产配置进行优化。具体来说，投资者要配置一部分流动性好且风险较低的资产，形成"确定性高的基础资产+收益率高的长期资产"的资产组合。

私募股权投资的投资对象主要是非上市公司股权，这类金融资产缺乏流动性，如果没有较高的预期收益率，那么就不值得投资。在股票市场上，投资者也可用 3～5 年的时间，尝试捕获一个大趋势或大机会。

在资产配置中保有大比例的现金类资产，这是一种较为稳健或保守的投资策略。而机构投资者往往会投资一些流动性较好的套利型资产，如固定期限的债券或债权类资产，或期限明确的跨市场跨品种的确定性高的套利型资产等。沃伦·巴菲特的伯克希尔·哈撒韦公司通常会储备较多的现金，这既是出于维护公司 3A 评级的需要，也是为了更好地抓住可能出现的新的投资机会。

通过持有流动性好的现金类资产来等待市场出现好的投资机会，这是一种虽然看起来机会成本较高，但实际非常符合人性的投资策略。原因在于，如果投资者是满仓持股，那么当更好的投资机会出现时，投资者往往很难调整持仓资产，既不愿卖出浮亏标的，也不想卖出浮盈标的，从而因为没有流动性而错失新的投资机会。

3. 等待能够获得高收益率的机会

我们可以把能够获得高收益率的机会大致分为四种。第一种是短期爆发的主题概念类机会。有些个股的价格可能会在短期内（例如 1~3 个月内）快速上涨，让投资者获得数倍甚至更高的收益。然而，对于这类机会，普通投资者既无法提前预判，也很难提前布局，换句话说，普通投资者往往很难抓住这种机会。

第二种是长生命周期型行业所产生的机会。具体可以分为两种情况，一种是长生命周期型行业遭遇负面事件冲击，股价会经历先大幅度下跌，后逐渐修复的过程。另一种是资本市场发生非常态变化，导致股价在短时间内出现大幅度下跌。面对上述两种情况，投资者选择在合适的时机介入，往往可以获得不错的收益。

第三种是周期性行业所产生的机会。周期性行业通常指那些受经济周期波动影响较大的行业，在经济繁荣期，这些行业通常表现出色，股价高涨；而在经济衰退期，这些行业则可能面临较大挑战，股价低迷。投资者在合适的时机投资这些行业，可以获得不错的收益。

第四种是成长型行业所产生的机会，成长型行业通常具有创新驱动、收入快速增长以及市场潜力巨大等特点，因而常常能够给投资者带来丰厚的投资回报。投资者可以通过长期持有，充分享受成长型行业的成长红利。

当然，对于那些投资者普遍看好的投资标的，它们的价格往往较高，投资者如果认为价格过高，则可以将这些投资标的列为观察对象，等待非常态变化的出现。

4. 以确定性高的资产作为补充

投资者还可以配置一部分确定性高但流动性一般的资产。例如，投资者可以通过投资一些类固收标的获得确定性较高的利差收益；还有一些机构投资者通过抵质押融资等非标类投资，可以获得8%~12%的年化收益率。但普通投资者因为资金量、专业度等方面的原因，往往无法获得这类投资机会。

值得一提的是，有些投资者总是想要"抢反弹"，他们认为股价在大幅度下跌后，反弹是大概率会出现的。实际上，这种反弹出现的可能性并不会太高。

此外，对于确定性高的资产，投资者一定要注意资产的回收期限。如果某种资产的回收期限超过1年，我们就可以将其归类为低流动性资产。

第六章 非对称机会

> 人类从历史中学到的唯一的教训,就是人类没有从历史中吸取任何教训。
>
> ——黑格尔

投资者如果主动放弃一些只能获得一般收益率的机会，去追求具有非对称优势的投资机会，就有可能获得一些相对优势。

具有非对称优势的投资机会指的是能获得非对称收益的机会，这些投资机会通常会在以下几种情况下产生。一是企业管理层实施积极主动的变革；二是在股票市场出现非常态下跌以及行业或者企业发生非常态负面事件；三是行业（企业）快速发展，充满活力，景气度高；四是行业（企业）持续增长，生命周期长。由此，具有非对称优势的投资机会可以分为以下四种。

第一种是变革型投资机会。如果企业有志于实施变革或重大转型，不论是自我变革，还是引进外部力量，只要能够以重大的管理或经营变革推动企业快速发展，就有希望产生变革型投资机会。投资者可以把这种机会视为"期权型"机会，相当于搭上了企业主动变革的"便车"。

第二种是非常态投资机会。非常态投资机会可以再细分为三种类型。一是股票市场发生非常态变化所创造的机会。当股票市场出现非常态变化，包括市场从高估值状态快速转变为低估值状态、危机诱发市场发生快速且大幅度的调整甚至长期处于低估值状态等等，这些都属于市场变化创造的非常态机会。二是当某个行业出现非常态变化甚至是行业性危机所带来的机会。行业性危机常常会重塑行业竞争格局，龙头企业在行业复苏后往往会获得更大的市场份额。三是某个企业因为出现非常态变化所产生的机会。

第三种是新兴领域的投资机会，主要指科技变革引发需求爆发的高景气度型投资机会。投资者抓住这些带有"时代性红利"的投资机会，往往可以获得惊人的收益。

第四种是长期可持续的投资机会。那些能够持续增长或不断寻找到新增长点的行业，以及那些可持续发展的新兴行业，能够诞生长期可持续的投资机会。

第一节 变革型

变革型投资机会属于"事件驱动型"机会。不论是企业主动实施的变革,还是外部推动的变革(包括外部力量争夺控制权),对于投资者而言,要重点关注那些可以产生实质性改善的变革。有些企业变革是一种战略更新,在原有战略的基础上修修补补;而有些企业变革则是发生翻天覆地的变化,彻底改变企业的经营理念和行业属性。投资者往往可以用较低的价格投资那些被市场忽视或低估的企业。一旦这些企业的变革举措提升了企业的盈利能力，彻底改变了企业的基本面，投资者就相当于获得了免费的"价值增长期权"。

1. 重大管理变革

重大管理变革包括上市公司变更控制权、管理层变革、经营思路重大调整等，投资者尤其要关注那些行业龙头企业，以及有特色资源禀赋的企业。此外，上市公司控制权转移也值得投资者重点关注，特别是小市值上市公司的大比例股权转让或实际控制权转让，往往意味着后续管理层的重组或战略重心的转变。

A股市场曾经流行过"炒壳"，也有过一段投资小市值上市公司收益更好的时期。"炒小""炒差"的底层逻辑主要就是小市值上市公司有"重组预期"。

2. 重大项目投资

上市公司实施重大投资项目，如在新兴领域成立独资或合资子公司、实施重大资产重组等，往往会发布公告。原因在于，实施重大投资项目可能会改变上市公司的行业属性，对公司的基本面产生实质性影响。

A股市场自诞生之日起，就存在央企或地方国企分拆部分业务上市的现象，从而形成以集团公司控股上市公司的股权结构，这种"大马拉小车"的股权结构就存在着"资产注入""重大资产重组"的预期和可能性。市场上也有"资产注入"后股价持续上涨并实现翻倍的诸多案例，这也是A股市场的一个特殊现象。

在A股市场中，以"定向增发"的方式实施再融资的情况较多，这种方式既能实现增量资金的注入并改善上市公司的资产结构，还能为上市公司注入新的经营类资产。定向增发往往以价格超出每股净资产的溢价方式实施，能够有效增加定向增发后的每股净资产，不仅增强了公司的资金实力，还降低了公司的估值倍数（以市净率计）。所以，从较长的时间周期（3～5年）来看，叠加市场的情绪因素，定向增发策略其实就是一种收益增强策略，并且在多数情况下是有效的。

那些面向实际控制人或特定机构实施大额定向增发的上市公司，往往会成为一个新趋势的诱因。这也是重组策略和定向增发策略能够在 A 股市场长盛不衰的重要原因。

3. 重大行业变革

行业变革往往是由外部力量推动的，如政府出台新的支持性政策扩大了需求规模、通过设置技术性或规模性门槛等方式有效降低行业供给能力等等，在这些情况下，行业龙头企业就可以借助行业变革，获得更多的增量空间。

第二节 非常态

股票市场的非常态投资机会是值得投资者等待，并且值得投资者重仓参与的重大机会，既有行业性危机后龙头企业复苏所产生的机会，也有一些社会热点激发了市场情绪所产生的主题机会，还有资本市场出现非理性因素所产生的系统性机会。如果资本市场整体出现了非常态变化，那么接下来就有可能出现市场系统性上涨的机会，换句话说，市场会出现普涨行情，各类股票的价格都有可能上涨。但是,如果投资者不具备选择优势行业或优势企业的能力,那么投资者也很难抓住一些大的获利机会。

1.行业性危机后的修复

任何行业的发展都不会是一帆风顺的,多少会遭遇一些或大或小的行业性危机。当危机所引发的负面影响逐渐消失,行业逐步修复时,投资者需要关注其中的两种情形。第一种是"持续成长型"股票的价格在遭遇负面事件冲击、政策性打压或高溢价回调等情形后的回升,这属于利空后的成长修复。第二种是"周期型"股票的价格随着行业复苏而回升,属于跟随宏观经济趋势的修复。

对于那些在产业政策或行业利空打击下,股价被绝对低估、变得绝对便宜的龙头企业,投资者要长期关注,并等待合适的投资机会。一旦出现行业性趋势转换,行业的最终赢家不仅是商品市场的胜者,更是股票市场的赢家,容易产生"V"型或"√"型反弹的投资机会，如乳制品行业、高端白酒行业在行业发展过程中都遭遇了意外打击，但最终依托行业力量走出了新的趋势。

而"脉冲型"趋势的下降阶段，实质上是因为行业增速下降或悲观情绪导致股票价格进入"下跌通道"。在这种情况下，价格修复往往比较困难，很难产生大的投资机会。如果投资者在股票价格处于"下跌通道"时买入，大概率会面临亏损。

2. 社会热点或社会情绪的扩散

一些社会热点的发酵也能够对市场产生极大的影响，例如，2022年直播界的"授课式带货"引爆了整个移动互联网，吸引了上千万的粉丝，并使得主播所属公司的股价在短短半年时间内涨了近20倍。至于主播所属公司能否取得长期成功，目前仍是未知数，但仅从股价快速上涨的趋势来看，市场已经"相信"该公司实现了成功转型。

让投资者对所有社会大事件都保持密切关注、保持敏感性是很难的，但如果让投资者结合社会大事件去找受益的公司，这种方式是可行的。社会热点事件所引发的情绪逻辑一旦转化为产业逻辑，就实现了短期逻辑向长期逻辑的实质性转变。以消费品行业为例，消费品行业的社会面情绪常常可以实实在在地转化为商品购买行为，如某国产运动品牌的捐赠行为引发了消费者的"野性消费"。

3. 市场非理性的出现

几乎所有投资者都会认为自己是理性的，也就是说，几乎没有投资者会认为自己的投资决策或者投资行为是非理性的，反而常常会认为那些与自己观点不同的人才是非理性的。即便实际结果与自己的预期相差很大，投资者也未必会承认自身的非理性。在投资过程中，因为公司名称与某件事或某个人相似，进而引发股价大幅波动的案例比比皆是。

虽然市场总体上是理性的，但是，市场并非一直是理性的，也不是一直都是非理性的。如果投资者坚持用理性来分析市场和价格趋势，就无法理解非理性的现象和行为，这也是"理性投资者判断正确但错失了获利机会，而非理性投资者却赚到了真金白银"现象屡屡出现的原因。

不认同非理性属于一种理性，而不参与非理性则未必是一种理性。接受市场的非理性，接受市场行为的非理性，是一种理性。意识到市场存在非理性成分，也算是一种对市场认知的进步。

投资者分析市场的理性成分及非理性成分，是为了寻找可资利用的市场机会，不能因为认同或不认同而浪费或放弃市场机会。如市场恐慌会让部分投资者采取非理性的卖出行为，这恰恰是理性投资者大展拳脚的良机，换句话说，当市场充斥"暴跌""崩盘""崩溃"等词汇之时，恰恰是理性投资者静心选择投资标的之机。

第三节 高景气度

高景气度型投资机会，主要诞生于一些新兴行业的高速增长阶段。家电、房地产、汽车等行业，曾经都是新兴行业，彼时，投资者对这些行业的快速发展充满了想象力。虽然这些行业在实际成长过程中都遭遇过波折，也出现过大幅度波动的情况，但因为高景气度，这些行业的发展还是呈现出"波澜壮阔"的向上趋势。

1. 高景气度是一种时代红利

对企业经营者、创业者或投资者来说，行业高景气度是一种不可多得的时代红利。情绪高涨的投资者会因为行业高景气度而给予整个行业更高的估值倍数，从而使得行业里大大小小的公司都可以享受到时代红利。

私募股权投资机构往往会扎堆投资一些高景气度行业，选择高景气度行业里最优秀的企业，甚至以高溢价去追捧那些行业龙头企业，而不会关注那些规模萎缩的行业。当前火热的半导体、新能源等行业，以及曾经火热的创新药、大消费，都是如此。一些偏早期阶段的半导体、新能源及创新药公司，即便出现持续大额亏损的情形，经营净现金流长期为负，但公司估值还是不断上涨，所有投资者都能获得账面上的正收益。虽然这些公司股权的流动性很差，但公司估值的持续上涨，能够弥补投资者在流动性方面的损失。

在大部分时间里，那些高景气度行业的估值都是非常高的，一旦遇到市场或行业的向下调整，高景气度行业的估值调整幅度往往会非常大，在短期内下跌

50%甚至更多的情况并不罕见。私募股权投资机构所投资项目的市净率、市盈率、市销率等指标的数值，往往要低于二级市场同类型的上市公司，这不仅意味着二级市场投资者为"流动性"支付了溢价，也意味着一级市场和二级市场之间存在套利空间。进一步来说，私募股权投资存在三重套利空间，即估值套利、时间套利、景气度套利。

新兴行业的领头羊，以及高景气度行业中的龙头企业，往往能够获得较多的时代红利，因而也是最值得投资者投资的标的。

2. 科技创新有非对称性

根据中泰证券的相关数据，电话和手机分别用时75年和16年才在全球积累1亿用户，而TikTok用时9个月，用户数就突破1亿，ChatGPT更是仅用时2个月就获得了1亿用户。

正如欧佩克主要创始人谢赫·艾哈迈德·扎基·亚马尼所言，"石器时代结束了，不是因为缺少石头；

石油时代就要结束了，但不是因为缺乏石油"，时代更迭的背后是技术革命与技术迭代，新技术的发明和应用，将带来"时代性"变革。而市场对科技概念公司的追捧，主要是担心错失投资机会。那些与宏观经济关联性弱、短期不可证伪、未来想象空间巨大的投资标的，尤其容易引发投资者的"恐慌情绪"，促使投资者争相投资。

所有巨型企业都是从小微企业发展而来的，那些新上市的小市值公司（也包括次新股），也有可能成长为新时代的成长股。相较于那些上市多年的"老"公司，新上市公司在资产结构方面有"流动性"和"权益比"的双重优势。新上市公司既可以用募集到的资金投资新项目，也可以用这些资金进行并购，实现跨越式成长。

在全面实行股票发行注册制后，A股控制权溢价或壳溢价有所下降，但是壳的绝对价值依然存在。结合壳的绝对价值，投资者就可以确定小市值公司的"价值区间"或"价值底部"，从而以合适价格执行自己的投资计划。投资者如果勤奋地在这些小市值公司里"翻石头",也能找到较好的投资机会。

3. 高景气度诱发超级机会

所有的超级机会("超级泡沫")都源于一个宏大的叙事,甚至仅仅是一个"故事"!阿斯沃斯·达摩达兰在其著作《故事与估值:商业故事的价值》中提出了一个估值公式:

(更好的)估值 =(动人的)故事 +(漂亮的)数字

根据上述估值公式,估值主要受两个因素的影响,一个是故事,另一个是数字。从企业生命周期的角度来看,在企业发展早期(甚至是风险投资阶段),由于业务还没起步或刚起步,投资者还无法用数字进行验证,因此,企业估值主要受故事的影响,即故事创造估值。而随着企业逐渐发展壮大,数字对于估值的影响会越来越大。而在市场普遍乐观或对某个行业持普遍乐观态度的情况下,相较于数字,企业估值受故事的影响会更多一些。

真正的超级机会，是那种能够或有可能颠覆现有商业格局，甚至改变人类现有认知且应用范围非常广泛的商业机会。例如，特斯拉以一己之力颠覆了传统汽车行业，创造了一个全新的品类，推动了新能源汽车的快速发展，甚至还引发了人们对自动驾驶、人工智能、超级储能等新事物的追捧；英伟达借助ChatGPT引发的人工智能芯片热潮，市值一举突破了3万亿美元。

当然，也有许多宏大叙事最终落空，变成"事故"的案例。硅谷创业圈的一句名言——伪装一切，直到你成功（Fake it till you make it），就是在鼓励创业者"讲故事"。也正因为此，硅谷已经出现多起泡沫破裂的"事故"，最为典型的就是估值曾达90亿美元的Theranos[1]。

---

[1] Theranos是一家由伊丽莎白·霍姆斯于2003年在美国加利福尼亚州创立的健康科技公司。Theranos声称能够通过极少量的血液进行多达数百种检测，改变了传统的血液检测方式。这一技术若成功，将大大降低血液检测的成本和时间，使得医疗诊断更加便捷和普及。然而，随着时间的推移，Theranos的技术和商业模式受到了广泛质疑。2015年，《华尔街日报》发表了一系列调查报告，指控公司夸大其技术能力和准确性。在此之后，美国食品药品监督管理局（FDA）、美国证券交易委员会（SEC）等机构对Theranos展开了调查。2022年，霍姆斯被判多项欺诈罪名成立。Theranos的失败不仅涉及技术和管理问题，还反映了硅谷创业文化中可能存在的过度宣传和缺乏透明度的问题。

第六章 非对称机会

在股票市场里，既存在"价值决定价格，价格围绕价值上下波动"的现象，也存在价格驱动价值的案例。在股权投资领域，也有"故事讲得好，公司变成宝"的案例。我们假设一个公司的实际价值为 0，以 2 亿元的估值募资 2000 万元，估值就是 2.2 亿元。此时，由于公司账面现金是 2000 万元，所以公司的实际价值至少就是 2000 万元了。如果通过并购或拓展业务等方式，再以 5 亿元的估值募资 5000 万元，那么公司的账面现金或有效净资产就是 5000 万元～7000 万元。如此这般，通过"讲好故事"就能不断提升公司的实际价值，以高溢价入股的新股东为老股东的投资提供了安全边际。这也是很多初创企业强调要会讲故事的原因。

股票市场也有现实案例。特殊目的收购公司（简称 SPAC）本质上就是一个只持有现金的壳公司，其设立的唯一目的就是使用上市所募集的资金收购一级市场的优质资产，再通过被并购资产快速上市的方式从中获得投资回报，这类公司的寿命通常为两年。2021 年，特殊目的收购公司募集的资金规模首次超过了传统上市公司所募集的资金规模,这也从另一个侧面说明了投资者对"故事"的追捧。

丹尼尔·卡尼曼认为,"没有人会因为一个数字而作出决定,他们需要一个故事"。电影《大鱼》里的父亲就是一个讲故事的高手,将其艰难与奋斗的一生描绘得多姿多彩,以至于他人分不清什么是艰难的现实,什么是虚幻的故事。

第四节　长生命周期型

长生命周期型行业就像一个长长的"雪坡",容易诞生值得长期持有的投资标的。投资者投资这类标的,既可以从行业成长中受益,还可以节省换股的摩擦成本。当然,投资标的需要具有能够长期持续的"独一无二"的价值。

就股票市场而言,对于投资者来说,最主要的仍然是通过公司的成长获利。但公司的成长并不是一帆风顺的，这就导致公司市值的走势与其成长曲线并不能完全吻合，存在市值被高估或被低估的现象。投资者在对长生命周期型行业进行分析时，尤其要注意两个方面，一个是渗透率的提高，另一个是畅销与长销的区别。

1. 渗透率的提高

任何一个新产品或新服务的普及或流行，实质上既是一个渗透率逐步提高的过程，也是企业产品或服务从一个边缘市场或细分市场，逐渐走向主流市场的过程。

消费品行业常有相关案例，如酱香型白酒逐步替代浓香型白酒和清香型白酒，成为高端白酒的代表。高端商品只有获得最具购买力和影响力的群体的认同，才能获得最广泛的认同，其中起关键作用的仍然是情绪。

有"行业创新者"，以一种新型的产品、服务或组织，对现有行业或细分市场进行颠覆。如百润推出了鸡尾酒，瞄准一个很小的细分市场，做到了几十亿规模，

第六章　非对称机会

做大了鸡尾酒市场；又如王老吉通过营销活动创新，做大了凉茶市场。

有"行业便车者"，借助行业变革力量带来的趋势性变动、终端需求的变化所导致的趋势变化以及政策性因素诱发的新趋势，从冷门企业变成市场领先者。如英伟达的主业是做显卡（GPU），后来显卡被应用到人工智能领域，应用范围大幅度扩大，英伟达的股价在2016—2018年期间快速上涨。又如，在仿制药的一致性评价及相应的集采政策，以及对创新药加速审批和医保入围政策等多种因素的影响下，医药行业的投资逻辑发生了巨大变化。一些原本不受投资者待见的创新药研发型企业的市场估值倍增，成为投资者竞相追捧的投资标的。

有"全新创新者"，跳出现有行业，开创（或定义）一个新的品类或行业。换个角度来看，"全新创新者"往往也是行业颠覆者，如苹果推出智能手机，取代了功能机；蓝月亮开创了洗衣液这个细分市场。这些"全新创新者"有定义品类或行业的能力，能够获得可观的利润，值得投资者重点关注。

2.畅销与长销的区别

生命周期较长的企业也会破产，原因既可能是业内同行的竞争，也可能是不同行业之间的替代性竞争。如创新药行业，即便现有药品有专利保护期，但是技术突破者仍然能在功效方面实现颠覆，甚至处于研发过程中的产品也可以被其他更好的产品颠覆；又如智能手机与MP3，就属于替代性竞争。

从获利能力来看，产品"畅销"就不如"长销"。产品或服务的生命周期会影响企业经营难度和盈利能力。例如，经典口味的可口可乐和雪碧的产品生命周期较长，企业的经营难度通常较小；而手机的科技属性强，更新速度快，产品生命周期短，企业的经营难度就比较大。

任何一个行业在发展过程中都有红利期，这是所有企业都梦寐以求的阶段。在这个阶段，企业的产品不愁卖，往往会出现供不应求、价格上涨（或加价购买）

等现象，这时，投资者往往也会情绪高涨，给予企业较高的估值。

长生命周期型行业存在着"可总结、可复制、可持续"的投资机会，对于那些现金流稳定且具有成长性和创新性的上市公司，市场常常会高估这些公司的价值。如果有一部分机构资金介入，那么这些公司往往会出现股票价格涨过头的现象，这既为投资者创造了获取超额收益的机会，同时也为股票价格的大幅度回落埋下了隐患。

第七章 等待与希望

> 人类的全部智慧就包括在这两个词里面：等待与希望。
>
> ——大仲马

乐观是一种态度，而耐心则是一种智慧。

每个人的投资心得都是对过往经历（及数据）的总结，解释力相对有限，不能简单地认为过去有用的经验，在未来也能发挥相同的作用。如果投资逻辑和投资策略缺乏反脆弱性，市场的随机性风险和系统性风险会让投资者持续不断地遭受损失。普通投资者需要做好防守，在借鉴他人的投资经验时尤其要注意"经验的有效性"，要耐心等待对自己有利的时机。毕竟，每一分本金都来之不易。

第七章 等待与希望

第一节　多维度挑战

除了时代因素外,投资者往往会低估那些重要因素变化所产生的影响,有时甚至很少考虑宏观因素的影响。这可能有两个方面的原因,一是在宏观稳定的环境里,宏观因素的变化不大,即便宏观因素的影响比较大,但有些影响往往需要经过较长的时间才会显现,因而常常容易被投资者忽视。二是投资者常常缺乏方法,既看不懂宏观因素,也无法了解宏观因素变化所产生的影响，因而也就很少考虑宏观因素的影响。

然而，一旦那些重要因素发生变化，其影响要远远大于其他因素。"盛世古董，乱世黄金"就体现了重要因素对资产配置的重大影响。

1. 多维度的挑战

投资者往往希望有一个相对稳定的环境和趋势。以宏观层面为例，如果投资者可以在相对稳定的宏观环境和不稳定的宏观环境中进行选择，那么绝大多数投资者会倾向于选择相对稳定的宏观环境，这也是一些宏观环境不太稳定的新兴国家和地区无法大规模吸引外部资金的重要原因。稳定的宏观环境有利于市场各参与主体做出正确的判断和执行既定的决策。从这个角度来看，国家层面的逆周期调节等宏观调控举措，有利于形成一个相对稳定的宏观环境。

从趋势角度来看，投资者可以从宏观、中观和微观三个层面来进行分析，寻找可以利用的因素。而且，这些因素对周期类企业、科技类企业和消费类企业的

第七章　等待与希望

影响也是不同的。

首先，对于周期类企业，如与大宗商品有关的企业，其产品或原材料的价格主要受国际大宗商品供需关系的影响，并不是企业自己能够控制的。在这种情况下，企业往往只能被动接受价格的变化，也就容易出现周期性的盈亏波动。如果生产成本高于同行，甚至可能会出现长期的亏损。因此，企业在微观层面的努力，除了持续降低成本外，更多的是调节自身产能，例如减产或增产。

其次，对于科技类企业而言，科技进步可以催生出新需求或替代性需求，而需求爆发式增长后，市场有可能会出现长期低迷的情况。因此，科技类企业不仅需要稳定的宏观环境，还需要微观的努力来实现技术突破。某企业如果能够率先实现技术突破，那么就有可能可以占据有利的市场竞争地位。当然，如果时机不合适，或选错了技术路线，也有可能会陷入万劫不复的境地。

最后，对于消费类企业而言，除了金融危机这类极端情况,宏观环境对于消费类企业的影响相对较小。在大多数情况下,消费类企业的中观环境也相对稳定,即行业的供需情况大致稳定。如果行业出现"黑天鹅"事件,就会加速提升行业的集中度,帮助行业龙头企业成为"最后的赢家"。微观层面,企业在战略定位、精细化管理、产业链布局等方面的持续努力,能够帮助企业提升市场竞争力。

2. 被低估的宏观

有一个流传很广的故事,说的是三个人一同乘坐电梯从一楼到十楼,其中,一个在原地跑步、一个在做俯卧撑、一个在用头撞墙。最后,他们都顺利来到了十楼。有人问他们是如何到达十楼的,他们的回答分别是:"跑上来的""做俯卧撑上来的""用头撞墙撞上来的"。这个故事反映的是个体普遍重视自身的努力,而忽视了外界的力量。而沃伦·巴菲特则多次谦虚地将其成功的原因归结为"中了卵巢彩票",其言外之意就是他出生在一个相对富裕的家庭,并且

第七章　等待与希望

享受到了美国经济持续增长的红利。这不仅体现了巴菲特的谦逊，更体现了他的智慧。

大型投资机构常常会进行"自上而下"的研究，关注宏观因素和政策变化。相较于大型投资机构，普通投资者对于宏观因素和政策变化的分析能力则要弱很多。在牛市、熊市或震荡市等情况下，对于普通投资者而言，最好的策略就是顺势而为。

政府部门针对宏观经济所采取的管理手段，对经济运行有较大的影响力。从市场内生的运行规律来看，超出"常态化运行轨道"的极值现象（如经济危机或金融危机）会多次出现，而政府部门可以采取多种不同的管理手段。例如，政府部门既可以调整产业政策，直接引导或扶持某些特定产业，以提高特定产业的供给能力和供给质量，也可以通过调整货币政策或财政政策的方式进行干预。

如今，面对百年未有之大变局，过往经验的有效性面临考验，投资者需要在未来数年甚至数十年的时间里总结出新的经验。

3. 需重视的中观

投资者需要关注中观层面的变化，不仅要对行业态势、竞争格局、行业关键因素和驱动力等方面进行详细分析，也要关注时代背景对行业的赋能或限制。当然，投资者可以提前关注有时代红利的行业和企业，即便体量尚小，投资者也可以提前进行布局。

从生产函数的角度来看，国内传统制造业竞争力的提升，初期主要得益于来自外部直接或间接的补贴和扶持，如地租补贴、电费补贴（属于能源补贴）、劳动力补贴（主要表现为劳动力价格低廉）、财政补贴（包括所得税、增值税的减免以及地方政府的代建、使用权赠送等等），以及国内大规模产业集群带来的规模经济效应、制造技术发展、加入世界贸易组织所带来的市场准入机会等。

然而，当今时代的主题是高质量发展，企业不能仅仅追求来自外部的补贴和扶持，还要获得品牌、技术、管理和服务等方面的溢价和红利。换句话说，追求品牌、技术、管理和服务等方面的溢价是行业和企业未来的发展方向。

投资者可以从行业发展的角度，总结提炼出一些影响企业发展的关键因素，提升对企业内在价值的理解能力，这也是对已有研究框架的有益补充。

在股票市场中，相较于其他类型的机会，行业性机会是值得投资者重点关注并努力抓住的。原因在于，行业性机会能够对行业内的所有企业产生积极影响，投资者即便没有选中受益最大的企业，投资行业内的其他企业也能获得一定的收益。

4. 被忽视的微观

在微观层面，投资者要关注企业的决策及影响。有些微观层面的努力可以改变行业的竞争格局，值得企业家和投资者重视。

企业家需要长期坚持才能把企业经营好。即便是在周期性特征非常明显的行业，如果企业能够获得劳动力成本、生产效率、资源成本、生产能耗等方面的持续性优势,那么企业大概率能在长期的市场竞争过程中脱颖而出。

而企业经营上的重大失误所产生的负面影响则是巨大的。如消费品行业就存在"高毛利率的诅咒",具体来说,有些高档商品的毛利率非常高,一般是70%～80%,高的甚至可以超过90%。由于毛利率较高,企业管理者容易养成大手大脚花钱的习惯,从而引发费用失控、盈利能力下降、估值水平下降等问题。

假设毛利率从90%下降至89%,虽然从比例看,毛利率只下降了1%,但如果从绝对值来看,毛利额却有可能减少了10%,这不仅会导致企业盈利水平的下降,还会导致企业估值水平的大幅下降。

不同层面的有利趋势或不利趋势,对同一个行业内不同企业的影响程度是不同的。不利趋势的冲击可能会导致龙头企业的损失更大,甚至导致行业格局出现颠覆性变化,也就是说,负面冲击也有不对称性。另外,当趋势出现时,企业的响应速度、能力和方式也至关重要,应对不当可能会导致"失去二十年"。

国内白酒行业先后经历了汾酒时代、五粮液时代和茅台时代，三家企业都抓住了各自的时代主题。当然，更多的企业是"抓不住机会，躲不过负面冲击"，投资者在股票市场里做投资往往也会面临同样的难题。

乔治·索罗斯生动地描述了投资市场的生存规则："世界经济史是一部基于假象和谎言的连续剧。要获得财富，做法就是认清其假象，投入其中，然后在假象被公众认识之前退出游戏。"单打独斗的个人投资者、中小型机构投资者，必须在防守上下功夫，唯有"灵活性"才是这些投资者的优势。

查理·芒格曾说，"宏观是我们必须要接受的，而微观才是我们能有所作为的"，所以，作为投资者，我们要理解宏观、认识中观、等待微观。

第二节　趋势的节拍

要么追逐趋势，要么等待趋势。所有主流或非主流的投资模式，都是在寻找相似的趋势、可以借鉴的趋势和可以利用的趋势。不论是从历史经验中寻找，还是从未来发展中寻找，投资者都可以从未来趋势、当前位置、投资周期、趋势演变这四个方面进行分析。

第七章　等待与希望

1. 未来趋势

分析趋势要考虑两个主要因素，一个是趋势的持续时间，另一个是趋势的驱动因素。通常来说，持续时间较短的趋势较难预测，因为随机性波动会对持续时间较短的趋势产生较大的影响；持续时间相对长一些的趋势的预测难度一般，因为外部环境具有相对稳定性；持续时间特别长的趋势则非常难预测，因为外部环境有可能发生巨大变化。从反映价格变动趋势的指标来看，时间跨度大的指标既可以排除情绪因素的干扰，又可以让投资者发现可能存在的大趋势，所以常常能够在投资者预测未来趋势的过程中发挥重要作用。

从投资逻辑的角度来看，投资者必须分析趋势的驱动因素，寻找行业趋势、企业趋势、运营趋势、市场趋势，对于普通投资者来说，这些都是可借力的趋势。

投资者如果能找到那些大趋势甚至超级趋势，那么就可以大幅提高投资的成功率和收益率。例如，一些大趋势，即受到大众情绪与时代因素共同影响所形成的趋势，持续时间可以长达数年甚至数十年，让投资者获得十倍甚至百倍的收益。

对于投资者来说，相较于价格的绝对值，股票价格能保持持续向上的趋势才是更为重要的。原因在于，如果仅仅考虑价格的绝对值，那么投资者往往只能尽力实现以较低的价格买入股票，但并不能保证以较低的价格买入的股票能以较高的价格卖出去。换句话说，所有的投资都必须"以终为始"，即投资者需要先确定目标，再决定如何行动。

一些投资者认为只要自己有现金，采取逢低买入的策略，就能逐步降低持有成本，一旦股价出现反弹，就能回本并赢利。当然，这种策略确实有实现的可能性，也有成功的案例。就那些周期性弱的成长型公司来说，如果其市值出现了大幅度下跌，而企业的竞争优势并没有被实质性削弱，甚至可能因为竞争对手的退出反而增强了，那么在这种情况下，投资者的"抄底"行为大概率是一个非常明智的行为，能获得较高的收益率。

面对任何一个持续下跌的趋势，投资者最好不要先有类似于"市场现在是非理性的，这是一个绝佳的投资机会"这样的想法，而应该反过来思考自己的判断是不是错了。如果是脉冲型趋势，那么在实现了300%的涨幅后，即便已经跌了50%，如果要跌回原来价位，那么还会再跌50%；在实现500%的涨幅后，即便已经跌了50%，如果要跌回原来价位，那么还会再跌66.7%。所以，在这些情况下，投资者的"抄底"行为都如同"接飞刀"一般。

2. 当前位置

投资者可以通过总结过去趋势、判断未来趋势等方式来确定当下在整个趋势中的位置，进而判断当下是否存在投资机会。总的来说，无论何时，投资者都不应该投资一个价格持续下跌的投资标的，这类投资标的甚至都不值得投资者花费时间和精力进行跟踪或关注。而对于一个价格持续上涨的投资标的，投资者则要慎重考虑，挑选一个好的介入时机。

对于投资者来说，K线和均线不仅是价格线，也是成本参考线。当股票价格在投资者的买入价格附近波动时，对投资者情绪的影响是巨大的——既怕将来会亏钱，又怕失去赚钱机会。根据我的观察，不赚不亏或小赚小亏时，投资者的持仓是最不稳定的，而当价格涨幅巨大或跌幅巨大时，投资者的持仓反而是相对稳定的，因为此时不稳定的筹码都已经被投资者交易了。

此外，普通投资者虽然难以影响市场情绪，但可以在一定程度上选择买入股票的时机和价格。面对一个价格持续下跌的投资标的，持仓者的情绪大多不会太好，当投资者无法承受时，往往也会选择割肉；而面对一个价格从总体看呈现上涨趋势的投资标的，建议投资者抓住机会，趁趋势回档时建仓，以尽量避免买入价格过高的风险。

就买入策略而言，分批买涨（即越涨越买）和分批买跌（即越跌越买）这两种策略的核心逻辑都是投资者认为价格不可能再跌了，无法以更低的价格买入了。然而，现实情况却是投资者认为的最低价往往并不是真正的最低价，投资者在买入后，价格大概率会继续下跌，因此，投资者不得不等待价格趋势的逆转，有时甚至是要长期持仓等待，从而增加了机会成本。

3. 投资周期

在一个时间跨度相对较大的投资周期里，建立一个时间跨度相对较小的资金投放周期，完成资金从投出到收回的全过程，这种做法被称为"看长做短"或"寻长抓短"。

对于单个项目的投资，投资者既可以以比投资周期更长的时间尺度来评估趋势的持续时间，也可以根据趋势的持续时间来调整投资周期，即只要价格上涨的趋势没有逆转，就始终持有仓位。

大趋势里有小趋势，长周期里有短周期。市场情绪会对股票价格产生不可小觑的影响，有些情绪虽然短暂，但其疯狂程度和影响的持续时间，往往会出乎投资者的意料。但是，由于投资者情绪变化所产生的短期波动并不会改变股票价格的长期趋势，因此，投资者如果事先确定了长期趋势和投资周期，那么最好不要因为短期波动而轻易改变投资决策。

股票市场为投资者"进场"和"离场"提供了足够的流动性和操作空间，因此，如果没有时间方面的急迫性，那么投资者就应该以更加从容的状态去寻找一些确定性高的趋势和投资机会。

4. 趋势演变

虽然市场有其自身的节奏，但是，任何大的上涨趋势通常可以持续较长的一段时间，投资者可以根据自身的节奏，寻找合适的投资时机，完善投资组合，尽可能做出对自己有利的投资决策，而不是忙于应对市场的节奏。

不仅大盘会暴涨暴跌，许多个股也是如此，因此投资者要积极跟踪大盘和个股的走势。对于个股的暴涨暴跌，投资者一定要保持头脑清醒。股价上涨并不代表你买对了，但股价下跌往往说明你买错了，原因在于，在大多数情况下，投资者买入和持有股票的目的就是通过股价上涨来获利，而非其他。因此，当股

第七章 等待与希望

价出现较大幅度的下跌时，投资者一定要当心，很可能是你不知道的负面信息在起作用，此时最好的做法是先卖掉股票再说。

在只能采取做多策略的情况下，投资者想要通过股票投资获利的唯一办法就是以高于买入价格的价格卖出，换句话说，只有当投资者认为某只股票未来能够以更高的价格卖出时，才是投资者买入这只股票的唯一理由。

对于单纯因为股价过高而导致的股价下跌来说，这种情况多数是因为情绪发生了重大变化。由于基本面没有发生根本性变化，因此后续大概率会因为情绪的再次变化而出现股价"V"型反弹的情况，为投资者提供了逆向投资的机会。而对于基本面恶化导致的股价下跌来说，由于基本面的改善通常需要较长的时间，甚至需要数年时间，因此，基本面恶化通常会让公司的估值长期维持在较低的水平，较难出现"V"型反弹的机会，投资者过早介入的结果往往是面临长时间的等待。所以，一旦大趋势发生逆转，建议投资者先撤退，确保资金安全。

有些投资者会在趋势演变过程中选择退出，这种退出行为就会造成趋势的盘整或回踩（回撤）。这就为新投资者的介入提供了机会，形成并延续"突破+支撑"的趋势结构。同样，如果投资了那些缺乏流动性的资产，投资者不要想着去赚"最后一个铜板"，而应该在价格上涨的过程中，抓住偶然出现的流动性窗口分批退出，兑现收益。

事实上，在市场整体处于常态化高估值状态的情况下，对于普通投资者来说，往往只有非常态变化出现时，投资者才有机会能以较低的价格买入股票。考虑到市场整体估值偏高以及低估值并不意味着趋势反转，因此，投资者在采取抄底策略时一定要谨慎，做好相应的风险防范措施。投资者如果认为股价已经处于底部，那么在采取抄底策略时，要多关注产业资本的动向，如上市公司实控人的增持、上市公司实施回购、同行企业买入上市公司股票等等。尤其是行业龙头企业购买其他上市公司股票的行为，对于普通投资者而言，具有非常重要的参考意义。

第三节 情绪的应对

投资者在进行股票投资时,不得不经受较为频繁的情绪考验。股票市场的大幅度波动,个股价格的市场性波动,企业经营过程中的业绩波动,这些都会影响投资者的情绪。

1. 注意情绪

人不可能没有情绪,但是投资者在投资过程中要尽可能避免负面情绪的影响，尤其要正确对待投资过程中的失误或错误，不能让负面情绪影响自己的投资决策。具体来说，投资者需要注意以下四点。

第一，不必有道德负担，避免受到情绪的干扰。

从形式上看，投资就是一种交易行为。对参与交易的任何一方而言，投资这种交易行为与道德无关，因此，投资者不必因为"把价格过高的股票卖给他人"或"以过低的价格从他人手中买入股票"等行为产生"负罪感"。换句话说，无论是买入还是卖出，都只是单纯的交易行为，投资者不必有道德负担。同样，如果"卖飞了"或"买早了"，也不要有情绪负担，只是犯了错而已。

第二，要区分情绪化波动和趋势。

投资者要关注的是趋势（尤其是大趋势）而非波动。一些追求在短期内获得收益的投资者，常常把日K线，甚至分钟线作为分析趋势的基础。但是，短期波动大多是情绪化波动而非趋势，受到市场和交易者情绪的影响比较大。建议普通投资者在判断未来趋势时，尽可能忽视短期波动，以避免受到情绪的干扰。一旦投资者对大趋势有了一定的了解，那么投资者在进行投资决策时就能更加从容，既不用担心买不到合适的投资标的，也不用担心卖不掉，还可以减少交易次数。

第三，投资要跟随市场，而非领先市场。

在大多数情况下，领先意味着风险。作为理性投资者，应该知道领先市场是不现实的。原因在于，投资者往往无法提前预判大趋势的转折点。那些"买在左侧"的投资者，往往会被"埋在左侧"，进而不得不以"价值投资者"自嘲。那些想领先市场的投资者，追求和在意的是"价格"，而非"趋势"。如果追求的是大趋势，买入价格的高低对总收益的影响并不会太大。

第四，降低对投资收益率的预期。

投资者不仅要降低对投资收益率的预期，还要降低对重大投资机会次数的预期。股票市场的收益率和投资机会充满了随机性，值得重仓的机会都是需要等待的。投资者降低预期，就可以更有耐心地寻找大机会，从而获得更好的投资结果。

2. 趋势投资

股票市场充满了想象。个体想象的集合体——群体想象，常常会引发股价的波动。投资者的投资决策和行为也都有随机性的成分，区别可能只是多一点或者少一点罢了。投资者群体的想象在某个时点很难预测，只有在较长一段时间内，才是有迹可循的，这也是"长期投资"理念或思维的根源。

如果把股票投资视为一种经营性活动，那么投资者就要建立可持续的获利模式，在时间、趋势、空间三个方面实现投资的闭环。此外，投资者要学会换位思考，即从企业家或者创业者的角度来考虑问题。换位思考能够帮助投资者更好地判断上市公司管理层是否真的"以公司利益为重"。

没有永远不会失败的企业，也没有价格永远不会下跌的股票。长期持有股票并不是真正的价值投资，只有顺应了有利趋势的长期持有才是真正的价值投资，因此，投资者要顺势而为，顺着大趋势的方向，结合获得的信息，不断检验投资逻辑的准确性，并根据具体情况，及时做出投资决策。

在趋势投资过程中，在买入总数已经确定的情况下，通常有两种做法，一种是一次性买到位，另一种则是在价格上涨过程中逐步加仓。

由于我们并不能保证自己的判断是百分之百正确的，所以应当为操作失误或错误留下空间。一次性买到位的投资者很容易因为价格波动而选择卖出仓位，进而因为本金亏损而无法抓住后续出现的趋势性机会。而采取逐步加仓（分批买入）的做法，即便第一笔买入出现亏损，也不会影响大局，投资者仍然具备继续"试错"的能力。如果投资者的判断正确，第一笔买入就获得了成功，那么投资者就可以再次买入，并以此类推。

3. 等待机会

法国浪漫主义作家亚历山大·仲马（人称大仲马）在《基督山伯爵》中写道："人类的全部智慧就包含

在这两个词里面：等待与希望。"对于投资者来说，等待就是一门必修课。

从投资机会的角度来看，在一个整体估值偏高的股票市场中，能够产生高收益率的投资标的是不多的。换句话说，只有市场出现非常态变化时，投资者才有较大的概率可以发现能够获得高收益率的投资机会。而从统计结果来看，股票市场一定会出现非常态变化，虽然出现的概率很小，但一旦出现，投资者就有机会获得非常丰厚的回报。

考虑到普通投资者既不愿意也无法介入公司治理，所以投资者通过投资上市公司股票获利的行为，从某种角度来看，就是一种"搭便车"行为，搭的是综合了时代趋势、行业趋势、企业趋势和市场趋势的便车。

为了有效实施"高确定性＋高回报率"的组合策略，普通投资者需要耐心等待非常态变化的出现。对于投资者来说，等待是很难熬的，不论是空仓等待（即持币等待），还是持仓等待，投资者之所以觉得难熬，很大程度上是因为预期的趋势或价格迟迟没有出现。

因此，在实际操作中，投资者可以主动配置一部分风险低但流动性好的资产，并持续关注有竞争优势的企业，等待时代趋势、行业趋势、企业趋势和市场趋势的形成，进而通过抓住确定性高且回报率高的投资机会，获得丰厚的回报。

投资者践行非对称策略，确实需要非一般的耐心和等待，既要等待机会的出现，也要通过持仓等待来兑现投资收益。

参考文献

1. 阿斯沃斯·达摩达兰.《故事与估值：商业故事的价值》[M]. 北京：中信出版集团，2018.

2. 埃德温·勒菲弗.《股票大作手回忆录》[M]. 南京：凤凰出版社，2012.

3. 艾丽丝·施罗德.《滚雪球：巴菲特和他的财富人生》[M]. 北京：中信出版集团，2018.

4. 丹尼尔·卡尼曼.《思考，快与慢》[M]. 北京：中信出版集团，2012.

5. 古斯塔夫·勒庞.《乌合之众：大众心理研究》[M]. 北京：中央编译出版社，2014.

6. 霍华德·马克斯.《投资最重要的事》[M]. 北京：中信出版集团，2019.

7. 霍华德·马克斯.《周期：投资机会、风险、态度与市场周期》[M]. 北京：中信出版集团，2019.

8. 纳西姆·尼古拉斯·塔勒布.《反脆弱：从不确定性中获益》[M]. 北京：中信出版集团，2014.

9. 纳西姆·尼古拉斯·塔勒布.《肥尾效应：前渐进论、认识论和应用》[M]. 北京：中信出版集团，2022.

10. 乔治·索罗斯.《金融炼金术》[M]. 海口：海南出版社，1999.

11. 克里斯蒂娜·柯利娅.《3G资本帝国》[M]. 北京：北京联合出版公司，2017.

12. 詹姆斯·索罗维基.《群体的智慧：如何做出最聪明的决策》[M]. 北京：中信出版社，2010.

13. 燕翔，战迪.《追寻价值之路：1990~2020年中国股市行情复盘》[M]. 北京：经济科学出版社，2021.

14. 颜亮.《长线思维：做投资的少数派》[M]. 杭州：浙江大学出版社，2020.

15.《朱镕基讲话实录》编辑组.《朱镕基讲话实录》[M]. 北京：人民出版社，2011.

后 记

"想象是美好的,现实是残酷的!"

股票投资是一项看起来容易,实际赚钱难,长期赚钱非常难的任务!对普通投资者来说,宏观经济难以预判、中观行业难以预测、微观企业难以了解,股票市场走势更是难以判断。许多投资行为都是起源于美好,而终结于残酷,投资者为"想象力"支付了过高的溢价,最终被"想象力"所伤害。从趋利避害的角度来看,先找到一个安全性高的基点,再去抓取大机会是一种更为理性的投资策略。

投资者根据个人的理解和经验进行股票投资,既可能赚钱,也可能亏钱。而只有找到规律或趋势,投资者才有更大的概率在股票市场中赚到钱。

只要买卖次数足够多,几乎所有投资者都可以有"赚过钱"的经历,但这些投资者最终是否能够"赚到钱"呢?市场上流传的"七亏两平一赢"表明,最终能赚到钱的比例可能小于10%,而能够长期获利的人只会更少。换句话说,股票市场里确实存在能够取得出色投资业绩的投资者,然而,由于"生存者效应",这些成功投资者所散发出的耀眼的光芒常常掩盖了无数个失意者落魄的身影。

在股票投资领域,不论采取哪种投资策略,投资者都需要在趋势周期内完成从投入到退出的投资全过程。从较长的时间周期(例如3~5年或更长的时间)来看,基本面因素在趋势的变化过程中往往会起到决定性作用。然而,"想要快速获利"的想法,误导了

后 记

绝大部分投资者,使他们既丢掉了常识,也忘记了风险。

想象力是促进人类进步的重要力量,人类失去想象力就可能失去未来。与想象力相伴的是乐观主义精神,推动人类在地球上繁衍生息。做投资也是一样,投资者是基于对未来的想象来进行决策和行动的。乐观主义者不仅容易高估自己的投资能力,还会高估自己的风险承受能力。

"动荡时代最大的危险不是动荡本身,而是仍然用过去的逻辑做事",彼得·德鲁克的这句名言提醒我们,在不稳定的环境下,长线思维的优势将被削弱,短期思维大行其道,这也加剧了市场的波动性。

投资机会的出现存在偶然性和随机性,不论是"自上而下",还是"自下而上",投资机会的出现是企业、市场、宏观环境等诸多要素共同作用的结果。此外,股票市场还会出现极值现象,甚至可能是暂时无法解释的极值现象。从这些极值现象中获得收益,是最有价值的。当下是一个鼓励创新的时代,股票市场存在着鼓励创新的内在机制,也愿意为创新支付溢价,换句话说，创新将成为极值现象的催化剂。

适用于股票市场的投资模式多种多样，其中，采取防守型策略等待重仓机会，以绝对收益为核心并降低回报预期，可能是最适合普通投资者的一种投资模式。换句话说，普通投资者既不需要掌握特别多的投资策略，也不需要学习一些适用范围有限的投资技巧，而是要耐心等待一些自己能够把握的大机会。

"人不能两次踏进同一条河流"，股票市场里也不存在两次完全相同的机会，投资者更不可能获得两次完全相同的投资经历。本书主要是基于个人的经历和思考，对投资经验和投资方法进行总结和分享，属于单样本、短时段、窄范围的分析，供读者参考。

继《长线思维：做投资的少数派》《国货新世代：引爆潮流方法论》之后，作为"时代企业系列之三"，本书扩充了对"时代企业"的认知与经验范围。非常感谢浙江大学出版社曲静老师，在她的耐心指导和悉心安排下，我的前两本书得以顺利出版；感谢浙江大学出版社吴沈涛老师，对于本书的出版，倾注了大量

后　记

心血；非常感谢曾东文先生、张龙先生拨冗为本书作序，对此我深感荣幸！还要感谢许多帮助过我的老师、领导、同事、同学和朋友们；最后，感谢花费时间阅读本书的读者朋友们，希望大家能在阅读本书的过程中有所收获。

颜亮

2023 年 8 月